Karl Barth
Der reiche Jüngling

Karl Barth

# Der reiche Jüngling

Herausgegeben und eingeleitet
von Peter Eicher

Kösel-Verlag München

Reihe
EVANGELIUM KONKRET
Herausgegeben von Peter Eicher

Der Text von Karl Barth ist entnommen aus: *Karl Barth, Die kirchliche Dogmatik II/2* § 37 »Das Gebot als Gottes Anspruch«, 3. »Die Form des göttlichen Anspruchs«, S. 681–701 der 6. Auflage 1981, © Theologischer Verlag Zürich. Der Abdruck erfolgt mit freundlicher Genehmigung des Verlags.

CIP-Kurztitelaufnahme der Deutschen Bibliothek

*Barth, Karl:*
Der reiche Jüngling / Karl Barth. Hrsg. u. eingel.
von Peter Eicher. – München: Kösel, 1986. –
(Reihe: Evangelium konkret)
ISBN 3-466-25123-0
NE: Eicher, Peter [Hrsg.]

ISBN 3-466-25123-0

Gesamtherstellung: Kösel, Kempten
Umschlaggestaltung: Günther Oberhauser, München
unter Verwendung eines Bildes von Michael Eberle, München

# Inhalt

# Vorwort

Karl Barths Theologie ist bescheidene Theologie. Sie lehrt keine neue Weltanschauung und entwirft kein neues System. Ruhig und konzentriert dient sie allein der Stimme des lebendigen Gottes, wie sie im Evangelium des Alten und des Neuen Testamentes bezeugt wird. Aktuell ist sie geblieben, weil sie dazu ermutigt, unsere gegenwärtige Not und Hoffnung auf die Fragen und Antworten zu beziehen, die das Evangelium uns stellt und gibt.

Vor keinem Problem steht aber die Christenheit ratloser und betroffener da als vor der Not der zunehmenden Armut und Verelendung in den vom Welthandel an den Rand gedrängten Bevölkerungen dieser Erde. Die wirtschaftlich, technologisch und zivilisatorisch reicher werdenden Gesellschaften können sich ihres Reichtums nicht recht freuen und die zunehmend verarmten Völker finden keinen Weg, um aus den Krisen der Verschuldung, Abhängigkeit und Ausbeutung herauszukommen. In dieser Situation stehen nicht nur die Kirchen vor dem Evangelium, das in die Nachfolge der Armut ruft, wie Kamele vor dem Nadelöhr. Ohne die moralischen Überforderungen noch zu vermehren, die uns in dieser Situation von allen Seiten bedrängen, zeigt Karl Barth in seiner Auslegung der Perikope vom »reichen Jüngling«, warum das Evangelium »für ein Tun befreit, das dem Nächsten wirklich gerecht wird«. Die rechte Wahrnehmung der wirtschaftlichen, politischen und sozialen Verantwortung folgt aus der Anerkennung unserer eigenen Angewiesenheit auf den Reichtum von Gottes Gerechtigkeit, die uns aus der Gefangenschaft der ungerecht verteilten Reichtümer löst.

Nichts könnte Karl Barth fremder sein, als wenn sein 100. Geburtstag von 1986 dazu Anlaß gäbe, ihn selbst zu feiern.

Seinem Dienst als Pfarrer, Theologe und Zeitgenosse wird man bei einem solchen Anlaß nur gerecht, wenn man sich selbst auf das einläßt, was ihn bewegt hat: auf den Zuspruch und den Anspruch der biblisch bezeugten Geschichte Gottes mit den Menschen. Der Grundfrage nach dem Verhältnis von Gottes freier *Zuwendung* zu den Menschen und seinem *Anspruch* an unsere konkrete Freiheit will sich dieses vorliegende Bändchen stellen. Es entspricht dabei nicht nur dem Selbstverständnis von Karl Barths Theologie, sondern auch dem Ziel der Reihe »Evangelium konkret«, wenn diese Grundfrage des Verhältnisses zwischen dem, was wir sind und dem, was wir tun sollen, durch die Auslegung eines zentralen Bibeltextes zur Sprache kommt. Das Bedürfnis nach theoretischer Klarheit kommt dabei nicht zu kurz, es sei denn, daß sich die Fragestellung – etwa zum Verhältnis von Sozialwissenschaften, theologischer Anthropologie und Ethik – schon so verselbständigt hat, daß sie von der Konkretion des Evangeliums und der realen Not unserer Situation zugleich wegführt.
Barths Theologie kommt ohne Umschweife zur Sache. Und deshalb kann sich auch die Einführung zum Text selber nur auf den vom Evangelium in die Welt gebrachten Sachverhalt selbst konzentrieren. Nach einer Hinführung zu den Fragen, die im Evangelium von dem Reichen und den Jüngern ebenso an Jesus gestellt werden wie von Jesus an den Reichen, der das »ewige Leben« sucht, wird ausführlicher dargestellt, welche Schwierigkeiten dieses Evangelium der Kirche in ihrer Geschichte aufgegeben hat und weiter aufgibt. Mir will scheinen, daß man nicht nur die lange Geschichte des Verstehens und des Mißverstehens dieser Perikope vom Ruf in die Nachfolge, sondern auch Karl Barths Auslegung als einen nach vielen Seiten differenzierenden Beitrag zum Anliegen der Theologie der Armut, d. h. der Theologie der Befreiung, lesen kann. Karl Barths Theologie wirkt nicht nur deshalb ökumenisch, weil sie die noch immer nicht einigen Kirchen vor die entscheidenden Grundfragen stellt, sondern auch deshalb, weil sie den Zuspruch und den Anspruch des Evangeliums auf den noch viel weniger einigen Weltkreis der politi-

schen, wirtschaftlichen und sozialen Ökumene bezieht. Gerade weil Barth die strahlende Verheißung des Evangeliums für die Gegenwart stark macht, ermutigt seine Theologie zum Weiterfragen, zu neuem Handeln und zur nochmals neuen Lektüre des ersten Zeugnisses von Gottes Wort.
Dem Theologischen Verlag Zürich danke ich für die freundliche Abdruckgenehmigung, den evangelischen Kolleginnen und Kollegen für die Hinführung zur Theologie Karl Barths.

Paderborn, 5. Januar 1986 Peter Eicher

## Das Evangelium nach Markus

(Mk 10,17–31; Mt 19,16–30; Lk 18,18–30)

10 [17] Und da er hinausging auf den Weg, lief einer hinzu und fiel
vor ihm auf die Knie und befragte ihn: »Guter Lehrer, was soll ich
tun, damit ich ewiges Leben ererbe?« [18] Jesus sprach zu ihm:
»Was heißest du mich gut? Niemand ist gut als der eine Gott. [19]
Du kennst die Gebote: Nicht töten! Nicht ehebrechen! Nicht
stehlen! Nicht falsches Zeugnis geben! Nicht rauben! Vater und
Mutter ehren!« [20] Er aber antwortete: »Meister, dies alles habe
ich gehalten von Jugend an«. [21] Jesus sah ihn an und liebte ihn
und sprach zu ihm: »Eines fehlt dir! Geh hin, was du hast,
verkaufe und gib es den Armen – so wirst du einen Schatz im
Himmel haben – und komm, folge mir nach!« [22] Er aber entsetzte
sich über das ihm gesagte Wort und ging traurig von dannen;
denn er hatte viele Güter. [23] Und Jesus sah um sich und sprach zu
seinen Jüngern: »Wie schwer kommen die Besitzenden in Gottes
Reich«. [24] Nun entsetzten sich auch die Jünger über seine Worte.
Aber Jesus antwortete wiederum und sprach zu ihnen: »Kinder,
wie schwer ist es, in Gottes Reich hineinzugehen! [25] Leichter
kommt ein Kamel durch ein Nadelöhr als ein Reicher in Gottes
Reich«. [26] Sie entsetzten sich noch viel mehr und sprachen
untereinander: »Wer kann da gerettet werden?« [27] Jesus aber sah
sie an und sprach: »Bei den Menschen ist das unmöglich, aber
nicht bei Gott; denn alle Dinge sind möglich bei Gott«.
[28] Petrus aber sprach zu ihm: »Siehe, wir haben alles verlassen
und sind dir nachgefolgt; was wird aus uns?« [29] Jesus aber sprach
zu ihnen: »Wahrlich, ich sage euch: Es ist niemand, der Haus,
Brüder, Schwestern, Vater, Mutter, Kinder oder Äcker um
meinetwillen und um des Evangeliums willen verließ, [30] der nicht
Hundertfältiges schon in dieser Welt empfinge: Häuser, Brüder,

Schwestern, Mütter, Kinder und Äcker mitten in den Verfolgungen – und in der künftigen Welt das ewige Leben. 31 Viele Erste aber werden Letzte sein und die Letzten werden Erste sein«.

Die Übersetzung nach dem Text von *Karl Barth,* Die Kirchliche Dogmatik II/2, S. 682–701 und *ders.* Predigten 1913, hrsg. von *N. Barth* und *G. Sauter,* Zürich 1976, S. 355.

# Die Befreiung zur Nachfolge
# Zur Geschichte des »reichen Jünglings«

*Peter Eicher*

## I. Das Nadelöhr

Die Perikope vom »reichen Jüngling« (Mk 10,17–31; Mt 19,16–30; Lk 18,18–30) kann geradezu als Summe des Evangeliums gelesen werden. Denn in ihr wird die große Frage nach dem ewigen Leben selbst beantwortet: für die Jesus Nachfolgenden und für den sich der Nachfolge Entziehenden. Die Frage nach dem ewigen Leben wird aber in diesem Zeugnis vom Ruf in die Nachfolge weder durch einen dogmatisch korrekten Glauben entschieden noch durch das sozialethisch gerechte Handeln: weder durch Orthodoxie noch durch Orthopraxie. Den rechten Glauben haben offenbar beide, der reiche »Jemand« (Mk 10,17), der vor Jesus in die Knie fällt, sowie die Jünger selbst – und sozialethisch engagiert zeigen sich ebenfalls beide, der »Einflußreiche« (Lk 18,18), der sein ganzes Handeln durch die eminent sozialen Gebote des Dekalogs bestimmt sein ließ und die Jünger, die alles verlassen hatten. Jesus wendet sich beiden zu. Den fragenden Reichen, der die Gebote zu halten willens war, gewann er lieb und den Jüngern teilt er seinen Reichtum hundertfältig mit. Beide schaut er vorbehaltlos an. Trotzdem ging der reiche »Jüngling« (wie nur Matthäus ihn nennt, Mt 19,20.22) traurig von dannen, da ihn der Ruf in die Nachfolge traf – und die Jünger entsetzten sich vor der Radikalität, in der Jesus den Nachfolgeruf mit dem Standortwechsel von den Besitzenden zu den Besitzlosen verband. Nicht über den Reichen sind sie entsetzt, sondern über ihren eigenen Meister, nicht über seine ethische Forderung, sondern über sein Evangelium der vollständigen Armut vor Gott: »Wer kann dann gerettet werden?« Offenbar stehen sie mit ihrer Frage nach dem ewigen Leben ebenso wie der gesetzestreue Reiche vor dem Evangelium wie Kamele vor dem Nadelöhr.

Wie ein Kamel vor dem Nadelöhr stehen heute aber auch die sozial engagierten Kirchen in dem reichen Viertel dieser Erde vor dem Ruf in die Nachfolge. Zwar bleiben sie weltlich gesehen den Beweis ihrer sozialen Nützlichkeit kaum noch jemandem schuldig, so daß die ehemals als Kandidaten des Jenseits Verspotteten jetzt den Vorwurf sich gefallen lassen müssen, zu Sozialexperten für das Diesseits geworden zu sein. Die sozialen Christen sind notstandserfahren und gut organisiert für das Unglück der andern, sie haben eine feine Witterung für das Elend ausgebildet, das nicht nur durch Planung nicht abgeschafft, sondern durch effiziente Planung des Wachstums erst recht hervorgetrieben wird. Läßt man den Verdacht des Ressentiments einmal beiseite, nach welchem die Christen sozial so geschäftig wären, weil sie nur den Schwächsten gegenüber sich als stark erweisen könnten (und deshalb nicht entschlossen die Ursachen des Elends, sondern nur dieses selbst bekämpfen), so stehen die sozial engagierten Kirchen fast so glaubwürdig da wie der einflußreiche Besitzende im Evangelium, der nach dem ewigen Leben fragt.

Weil Jesus, der Arme, den Besitzenden liebt, nimmt er ihm, was ihn von seinem Vater und von den von ihm erwählten Letzten trennt, er nimmt ihm den grundlegenden Mangel, der ihn vom Reiche Gottes fernhält: »Eines fehlt dir. Geh, verkaufe alles, was du hast und gib es den Armen – so hast du einen Schatz im Himmel: Komm und folge mir nach.« Nicht das, was der religiöse Mensch gerade noch für möglich hält, wird hier eingefordert, vielmehr wird das offensichtlich Unmögliche als das im Reiche Gottes ganz Selbstverständliche angeboten. Die sozial Gerechten und karitativ Starken dürfen die Grundlage ihrer sozialen Macht und die Voraussetzung ihrer ethischen Stärke preisgeben, um selber solche zu werden, *für* die sie bisher da waren. Das Evangelium befreit die reichen Kirchen nicht zu dem, was ohnehin für alle Pflicht wäre, sondern zu dem, was Gott in seiner eigenen Armut, in Jesus Christus, der Welt gebracht hat: die Seligkeit, ihn nicht nur aus ganzem Herzen und mit der ganzen Existenz lieben zu dürfen, sondern auch durch die Preisgabe des ganzen eigenen Vermögens. Das Evangelium lehrt den Übergang von der Ethik zur Nachfolge, es baut für die Reichen die Brücke von der Hilfe für die Armen zur Seligkeit der freiwilligen Armut. Der Ruf in die freiwillige Armut bleibt aber – solange es unfreiwillig Arme gibt – kein Selbstzweck, sondern wird »Mittel zur Verhinderung des steinernen Herzens, zur Beförderung der Brüdergemeinde« *(E. Bloch)*[1]: Er ist der Weg zur Anerkennung von Gottes eigener Liebe und damit auch der Weg zur zeichenhaften Darstellung seiner Gerechtigkeit, die um der Aufhebung realer Armut willen den Reichtum, der Armut schafft, aufgibt. Wie sollen die Kirchen und wie soll die von ihrer Verkündigung betroffene Gesellschaft durch die enge Pforte solcher Armut hindurchkommen? Diese große Frage hat die christliche Kirche jederzeit angefochten; darin zumindest blieb sie dem Evangelium treu, weil die Anfechtung des materiellen, psychischen und religiösen Besitzes durch die Gerechtigkeit der Gottesherrschaft den zentralen Gehalt der neutestamentlichen Verkündigung bestimmt. Die Perikope vom Eingang ins ewige Leben ist deshalb gerade als Summe des Evangeliums in den guten Widerspruch hineinzustellen, mit dem uns die Botschaft Jesu Christi gegenübertritt (II). Die altkirchliche, hochmittelalterliche und auch neuzeitliche Verlegenheit mit dem Text (III) gibt der Auslegung von Karl Barth erst ihr unvergleichliches Profil (IV).

## II. Der gute Widerspruch

### 1. Verheißung

Was kann ungefährlicher sein als das Evangelium, das am Reichtum Gottes selber Anteil gibt? Was gibt es Erfreulicheres zu hören als die unerwartete Nachricht vom Anbruch des Reiches, das Gerechtigkeit in die ungerechten Verhältnisse bringt und Barmherzigkeit in die gnadenlose Wirklichkeit? Warum sollte sich, wer noch leidet an der Not und sich die Sehnsucht nach dem Reich des Friedens noch nicht hat austreiben lassen, warum sollte er sich dem Anfang von jenem Ende entziehen, in dem die Klagen verstummen, das Elend getilgt, die Tränen getrocknet und der Tod vom Leben selbst verschlungen wird (vgl. Offb 21,1–4)? Wer wollte den Tag nicht sehen, an dem die alte Verheißung endlich in Erfüllung geht, den Tag, an dem die Armen von der Nachricht ihrer Befreiung überrascht, die Zerschlagenen aufgerichtet, die Gefangenen freigelassen und die Gefesselten erlöst werden? Wer wollte nicht aufatmen beim Anbruch des neuen Jahres, des von Jesaja ersehnten »Jahres seiner Gnade«, in dem die Resignation durch Siegeslieder gebrochen und die Asche auf dem Haupt der Verzweifelten mit Juwelen, ihre Trauerkleider mit dem Öl der Freude vertauscht werden (vgl. Jes 61,1–3)?

Nach dem Text von Markus verheißt Jesus hundertfältig Brüderlichkeit und Schwesterlichkeit, Kindschaft und Lebensraum mitten in der Bedrängnis für jeden, der seine Sippenbindung und die Verhaftung an seinen Besitz aufgibt *»um meinetwillen und um des Evangeliums willen«* (10,29). Mit dieser doppelten Bestimmung ist nicht die historische Persönlichkeit Jesu einerseits gemeint und die Botschaft von ihm oder über ihn andererseits; vielmehr präzisiert der Ausdruck »Evangelium«, wer dieser verheißungsvolle Galiläer selber ist, und dieser »geliebte Sohn« Gottes (Mk 1,11) wiederum bringt nichts als allein das »Evangelium«. Bei Lukas und Matthäus fällt deshalb beides zusammen: Nach Lukas ruft Jesus zur großen Aufgabe der alten Bindungen »um der Herrschaft Gottes willen« und nach Matthäus schlicht »um meines Namens willen«. In der Tat meint das »Evangelium«, um dessentwillen alles zu verlieren und alles zu gewinnen ist, nicht einfach die »Botschaft Jesu« oder gar so etwas wie die Sammlung von Schriften über Jesus, »Evangelium« meint vielmehr die ganze Fülle dessen, was Gott selbst durch die Hingabe seines Lebens bis zum freiwilligen Tod am

Kreuz mitten in der von uns gemachten Geschichte hat anbrechen lassen[2].

Das, »worumwillen« die Jünger alles verlassen haben, ihr Motiv, ist keineswegs die ihnen von der Aufklärung unterstellte Rechnung, nach welcher sie sich erniedrigen, um wenn möglich schon auf Erden, sicher aber im Jenseits erhöht zu werden. Dem Reichen, der von Berufs wegen gut zu rechnen weiß, ist allemal nicht ein kalkulierbarer Lohn, ihm ist das Evangelium zuviel und damit auch der, den er eben doch nur einen »guten Meister« nennt. Wie weit entfernt ist doch diese enge Pforte zum ewigen Leben, durch die niemand selbst einzugehen vermag, es sei denn, er lasse sich von Gottes Herrschaft die Fesseln der innerweltlichen Herrschaften lösen, von jener »Wette« *Pascals*[3], nach der sich die asketische Preisgabe des diesseitigen Lebens rechnerisch lohnt, weil nach dem Kalkül der Wahrscheinlichkeit die Aufgabe des zeitlichen Lebens den Gewinn ewigen Lebens mit sich bringt! Dem reichen Jüngling werden auf seine Frage nach dem ewigen Leben keine neuen Gebote auferlegt, er wird vielmehr in den Lebensbereich des Evangeliums versetzt, in dem der Sinn aller Gebote sich erfüllt; nicht ein Tausch von zeitlichen gegen ewige Güter wird ihm angeboten, sondern die Neubestimmung seiner ganzen Existenz durch die »Herrschaft Gottes«, mit deren Anbruch das ewige Leben durchaus im Diesseits schon begonnen hat: »Wer sein Leben sichern will, wird es zerstören – wer sein Leben um meinetwillen und um des Evangeliums willen preisgibt, wird es retten« (Mk 8,35ff.).

## 2. Evangelium

Das Evangelium widerspricht – das ist sein erstes Kennzeichen – dem Menschen auf eine gute Weise. Es stillt den materiellen und religiösen Besitztrieb nicht durch das Versprechen von mehr Besitz, sondern durch einen Reichtum, der mehr als Besitz ist. Das »Evangelium vom unbegreiflichen Reichtum Jesu Christi« (vgl. Eph 3,8) fügt nicht den innerweltlichen Besitztümern himmlische Werte hinzu, der »Überreichtum seiner Gnade« (Eph 2,7) stiftet vielmehr eine neue Gerechtigkeit im Verhältnis von Reichen und Armen. Dieses Verhältnis wird – was immer das dann auch für das materielle Problem der wirtschaftlich, politisch und sozial produzierten Armut bedeutet – im Evangelium theologisch bestimmt: Der Ruf in die Armut und die Aufforderung zur Verteilung des eigenen Besitzes an die arm Gehaltenen ist innerer Bestandteil des Rufes zur Nachfolge, und zwar der Nachfolge Jesu Christi, der in seiner Armut Gottes eigene Gerechtigkeit, in der Gestalt des Gekreuzigten Gottes eigene Herrlichkeit in die Geschichte bringt. »Ihr kennt ja«, schreibt Paulus den ihres religiösen Besitztums allzu sicheren Korinthern, »die Freigebigkeit unseres Herrn Jesus Christus: Wie er, der Reiche, um euretwillen sich arm gemacht hat, damit ihr durch seine Armut reich würdet« (2 Kor 8,9). Die Widersprüche, die in der ungerechten Besitzverteilung und in den Unterdrückungsverhältnissen zwischen Reichen und Armen verschleiert bleiben, kommen in der Verkündigung Jesu Christi gerade dadurch an den Tag, daß den Armen zuerst das gegeben wird, was die Reichen vergeblich suchen: die unbedingte Anerkennung ihrer Bedürftigkeit nach dem Leben, das allein Gott zu geben vermag, ihrer Bedürftigkeit nach »ewigem Leben« oder – wie Mt 19,17 formuliert – schlicht nach »dem Leben«.

Das Gute, das den schlechten Verhältnissen so widerspricht, daß sie von ihm selbst her aufgebrochen werden, kommt – das ist das zweite Kennzeichen des Guten am Evangelium – in der Geschichte Jesu Christi zeichenhaft an den Tag. Die Zeichenhaftigkeit des sprechenden Handelns Jesu und seiner eigenen Person entzieht sich souverän der Versuchung zur Demonstration göttlicher Macht und ihrer politischen Verwertbarkeit. Seine Verehrung als selber guter Mann weist Jesus gleich zu Beginn unserer Perikope zurück. Er ist reiner Verweis, er *ist,* was er bezeichnet – Realsymbol des Guten, das er bringt: »Niemand ist gut, denn Gott allein.« Das Gute an Jesus ist das, was er selber mit sich bringt: Gottes auf uns zukommendes Reich. Dieses bricht zeichenhaft mit ihm selber an. Die vier »Evangelien« und Jesu

Verkündigung selber bezeugen die Erfüllung der alten Verheißungen als zeichenhafte Erfüllungen. Die materielle Bestimmung dieses großen Zeichens ist die Armut Jesu Christi; sein Verheißungsgehalt liegt in seiner »eschatologischen«, d. h. Gottes eigenes Kommen anzeigenden Kraft.
Das dritte Kennzeichen des Evangeliums, in dessen Licht auch die Perikope vom reichen Jüngling als Summe des Evangeliums sich zeigt, liegt nun aber in seiner unbedingten Güte, in seiner lauteren Menschenfreundlichkeit. Wie der Ruf in die Nachfolge nicht auf die Destruktion, nicht auf die Traurigkeit des Reichen zielt, sondern ihn Gott und den Armen gegenüber gerecht machen will, und wie ihm nicht Gericht angedroht, sondern der Weg ins ewige Leben eröffnet wird, so zielen die Evangelien nicht auf die Verwerfung der Reichen, sondern auf ihre Erwählung mit den Armen. Es ist wahr, daß die alttestamentliche Verheißung mit einem drohenden Unterton verbunden war und den Tag der Befreiung auch als den »Tag der Rache unseres Gottes« verhieß (Jes 61,1–3), aber dieser Unterton wird schon in der ersten Verkündigung des Galiläers aus Nazaret aufgehoben (Lk 4,18–21). Die Freude am Anbruch des »Gnadenjahres des Herrn« treibt in der Ankündigung Jesu die Angst vor dem Gericht aus. Was gibt es da zu fürchten, wo der Herr der Geschichte in der Gestalt eines Armen, in der Schwachheit eines Kindes und in der Ohnmacht eines zum Tode Verurteilten seine barmherzige, den Menschen treue und ihren Verhältnissen gerecht werdende Herrschaft antritt? »Freue Dich, Erwählte, der Herr ist mir Dir«, das ist das erste, was von der Erfüllung der Verheißung im Evangelium zu hören ist (Lk 1,28) – und »Fürchtet euch nicht, denn ich verkünde euch große Freude« das zweite, das denen draußen, den Hirten gilt (Lk 2,10). Das überaus Erfreuliche, was hier ausgerufen wird, der konkrete Gehalt der Gnade, der die Armen Israels in Gottesfurcht setzt, verspricht mehr als das Glück der unmittelbaren Bedürfnisbefriedigung: Es verheißt die Seligkeit, die darin liegt, daß in diesem Armen, in diesem »Kind« Gott selbst seine befreiende Herrschaft in der Geschichte antritt. »Nicht auf ewig ist der Arme vergessen, nicht für immer dahin die Hoffnung der

Unterdrückten«, dieser Gesang (Ps 9,19) geht hier endlich auf. Und so jubelt nach den Kindheitslegenden die prophetische Freudenbotin Israels, das Mädchen Mirjam von ihm, der die Niederen hoch emporhebt und die Gewaltigen enttrohnt, von ihm, der die Reichen leer entläßt und die Hungernden gut auszustatten weiß. Das Siegeslied faßt zusammen, was in der Verkündigung des Messias selbst den Anbruch von Gottes Herrschaft anzeigt: »Selig ihr Armen, denn euch gehört Gottes Reich« (Lk 6,20).

## 3. Gerechtigkeit

Was so erfreulich klingt, das greift jedoch das Unerfreuliche direkt an; was so konkret von Gnade bestimmt ist, das deckt die gnadenlosen Verhältnisse auf; was so eindeutig Gerechtigkeit für die Unterdrückten verheißt, das stürzt die bloße Tauschgerechtigkeit, die jedem nur das Seine gibt, vom Thron. Wer den Armen nicht nur den Himmel verspricht, sondern hundertfältig irdisches Gut (Mk 10,30), der beschwört den Konflikt mit den Besitzern dieser Güter selbst herauf. Und wer in Anspruch nimmt, Gottes eigene Gerechtigkeit zu bezeugen, im »Heute« zu vollziehen, was Gott in seiner Gnade von Ewigkeit her denen zugedacht hat, die er liebt, der wird gerade durch das Erfreuliche seines Tuns zum Stein des Anstoßes, zum Ärgernis. »Ein Mensch wirkte hier als schlechthin gut, das kam noch nicht vor. Mit einem eigenen *Zug nach unten,* zu den Armen und Verachteten, dabei keineswegs gönnerisch« *(E. Bloch)*[4]. In allem Streit um die materialistische Inanspruchnahme der Armutsforderung Jesu[5] kann nicht vergessen werden, daß sich die Jünger gerade ob des materiellen Gehalts des Nachfolgerufes an den Reichen entsetzten. Das zeigt, daß der »Zug nach unten« ein anderer war als das Sich-zum-Armen-Neigen des reichen Bürgers, der seinen Reichtum sozialethisch rechtfertigt. Aber auch die schwärmerische Verherrlichung der angeblichen Freiheit und Lebensintensität der Armen durch die Reichen, die den Mangel ihrer Sucht nach permanentem Mehrwert in Produktion und Konsum zu spüren bekommen, liegt der Verkündigung Jesu völlig fern. Den materiell Armen muß geholfen werden – und sei es durch die Umverteilung des Reichtums, auf welche das Gerichtsgleichnis vom seligen Lazarus und vom unseligen Reichen (Lk 16,19–31), die zeichenhafte Antwort des reichen Zachäus (Lk 19,1–10), indirekt auch die Weherufe über die Reichen und Satten (Lk 6,24f.) und die Hausordnung der Urgemeinde (Apg 4,32–35) drängen. Zwar bildete die Antike noch keine Theorie der Wirtschaft aus[6] und auch die Verkündigung Jesu entbehrt noch jeder strukturellen Betrachtung der inneren Bedingungszusammenhänge von Armut und Reichtum, aber die Intention der messianischen Gottesherrschaft zielt doch auf die Wurzel der strukturellen Ursachen der sozialen Ungerechtigkeit. Mag die konkrete Vorstellung der größeren Gerechtigkeit im Zusammenhang einer am Reichtum des Bodens orientierten Wirtschaft auch am großherzigen Austausch der Güter (am sogenannten »Liebeskommunismus«) hängen geblieben sein, so war doch auch sie hervorgetrieben durch die Einsicht in die Unvereinbarkeit von Gottesherrschaft und Gefangennahme durch den Mammon. Jesus setzt nach der Bergpredigt nicht beim guten Willen zur Verbesserung der Zustände an, sondern zeigt die Unmöglichkeit, beidem zugleich verpflichtet zu sein, der Herrschaft der Ökonomie und dem Dienst im Reiche Gottes: »Niemand kann zwei Herren dienen« (Mt 6,24).

Der materielle Widerspruch, den der Anbruch messianischer Zeit in die schlechten Verhältnisse setzt, wird nicht von einer Utopie getragen, sondern von der Heraufkunft des Reiches, das Jesus bringt: »Das Reich ist im Kommen, kehret um« (Mk 1,15). Denn in der Geschichte Jesu fällt nach dem »Evangelium von der Gnade Gottes« (Apg 20,24) die Seligpreisung der Armen und der Ruf in die Nachfolge, der dem Reichen gilt, mit Gottes eigener Erwählung zusammen. Nicht durch das, was er fordert, sondern durch das, was er nahebringt, wird Jesus zum Zeichen des Widerspruchs. Denn er, »der in der Daseinsweise Gottes war [...], erniedrigte sich selbst und ward gehorsam bis zum Tod, ja bis zum Tod am Kreuz« (Phil 2,6ff.). Gott hat in seiner freiwilligen Armut nicht nur die unfreiwillig Armen sich zu Bundesgenossen erwählt, er stellt auch die Reichen in seinen eigenen Herrschaftsbereich, um sie aus ihrem Dienst der nichtigen Götter zu befreien. So vollzieht Jesus Gottes Handeln in der Geschichte selbst: »Ich habe dich verherrlicht auf Erden, indem ich das Werk vollendet habe, das du mir aufgetragen hast« (Jo 17,4). Die scheinbare Harmlosigkeit der »Frohbotschaft« und ihre ganz unschuldige Einlassung auf das Letzte und das Unscheinbare, gerade ihre Menschenfreundlichkeit widerspricht am schärfsten der moralischen Unterscheidung zwischen den gerechten und den ungerechten Menschen, der Rechtfertigung der sozial Engagierten und der gleichzeitigen Rechtfertigung von Zuständen, welche das soziale Engagement erst nötig machen. Der Schnitt verläuft hinfort nicht mehr zwischen den Gerechten und den Ungerechten, sondern zwischen Gottes eigener Barmherzigkeit und der Berufung aller zum Reiche Gottes. Dem sozialen Gesetz wird nach dem Evangelium nicht Genüge getan, wenn es als gutes Werk für andere geleistet wird, denn die Nachfolge des freiwillig arm gewordenen Menschensohnes schließt den Standortwechsel der sozial Begüterten zu denen ein, die der Hilfe bedürfen. Groß wird dieser Widerspruch, weil er davon herkommt, daß in Jesu Verkündigung, seinem zeichenhaften Handeln und seiner Selbstpreisgabe nicht ein sozialethischer Utopist oder anarchischer Liebhaber der Armut am Werke ist, sondern Gott selbst in seiner freien Erwählung. Gerade diesen Anspruch haben seine Gegner von Anfang an am besten verstanden. Schon bei seiner ersten Ankündigung von der Erfüllung der alten Verheißung, die Israels Grenzen sprengt, trat die Krisis zutage: »Und alle in der Synagoge wurden voller Zorn, als sie dies hörten, und sie erhoben sich und stießen ihn zur Stadt hinaus« (Lk 4,28f.). Dem Anfang vom Ende der alten Verhältnisse dieser Weltzeit haben nicht zuerst die materiell Reichen, sondern die religiös Besitzenden, die Gerechten widersprochen: Sie haben den guten Widerspruch aus der Welt geschafft.

Wie aber hat die Gemeinde des Menschensohnes, wie haben die

christlichen Kirchen diesen Widerspruch ausgetragen? Wie entspricht die alte und die moderne Kirche in ihrer Auslegung dem Evangelium vom ewigen Leben, das die unfreiwillig Armen selig preist und die Reichen zur freiwilligen Armut auffordert?

## III. Die große Verlegenheit

### 1. Die fünf entscheidenden Fragen

Der Ruf in die Nachfolge des Evangeliums stellt viele Fragen. Schon in der Perikope selbst steht keiner fraglos da. Der Reiche fragt den »guten Lehrer« nach dem ewigen Leben und Jesus fragt ihn zurück: »Was nennst du mich gut?«. Über Jesu Zumutung wiederum entsetzen sich die Jünger und fragen sich selbst: »Wer kann da noch gerettet werden?«. Es scheint, daß diese Fragen durch die souveräne Antwort an die Jünger schon im Evangelium nicht einfach stillgestellt werden, sie brechen an ihr erst recht auf. Es hilft dem Jünger des Gesetzes sowenig, auf seine eigene Gerechtigkeit zu verweisen, wie den Jüngern Jesu, sich auf ihre Nachfolge zu berufen. Die himmlische Aussicht, nach welcher Erste Letzte sein werden, stellt beide in Frage.

Sowenig wie die Fragen, die das Evangelium stellt, durch beruhigende Auskünfte in ihm erledigt werden, sowenig beruhigt seine eigene Verheißung. Die praktische Geschichte der Kirche zeigt in extremen Dimensionen, wie der schlichte Text überhört, umgangen, aber auch beim Wort genommen und radikal begriffen werden konnte. Er wirkt wie ein zweischneidiges Schwert.

Am unmittelbarsten schneidet – erstens – die materielle Frage ein: Können die Besitzer der Güter dieser Erde nicht zum Leben kommen, das allen verheißen ist, sind sie nur gerufen, aber nicht erwählt? Oder sind sie »nur« zum geistlichen Verzicht, zum innerlich freien Umgang mit ihrem Eigentum gerufen? Sind die irdisch Elenden selig zu preisen, *weil* sie Mangel leiden? Schlimmer noch: Soll ihnen das Bedürfnis nach irdischer Gerechtigkeit ausgetrieben, soll ihr Hunger nach menschenwürdigem Dasein, ihr Durst nach irdischer Sättigung und ihr Veränderungsmut abgespeist werden mit einer Religion, die aufs Jenseits vertröstet und eben damit zu einer *Ursache* des Elends im Diesseits wird? Die paradoxe Verteilung von Diesseits und Jenseits, hält sie nicht im Diesseits die banale Verteilung zwischen denen hoch, die auch hier nicht arm bleiben wollen und denen, die sich nach einem andern als nach einem materiellen Reichtum erst gar nicht zu sehnen brauchen? Schon die Andeutung der Frage zeigt, daß die Perikope vom reichen Jüngling zur Klarheit über das Verhältnis der Reich-Gottes-Erwartung und der sozialen Praxis der Christen zwingt.

Der materielle Biß der Perikope führt – zweitens – in die historisch entsetzlichste und sachlich tiefste Frage an den christlichen Glauben selbst: an sein Verhältnis zum »Gesetz«, zur wegweisenden Verheißung Israels. Immer standen in der christlichen Auslegung die nachfolgenden Jünger neben dem Gesetzestreuen Israels: Ihnen gehört Himmel und Erde – das mit Reichtum gesegnete Israel geht traurig von dannen. Wird die »Thora« durch das Evangelium zum unvollkommenen, zum abgetanen Worte Gottes? Entbindet die Nachfolge von der sozialen Weisung Israels? Ist das gebietende Wort des Alten Bundes kein Evangelium und das Evangelium keine Weisung? Wird hier das Erste zum Letzten? Israel seines Erstgeburtsrechtes enteignet? Oder könnten nicht auch die von den Christen zu den Allerletzten Gestoßenen Erste – bleiben?

Die Frage nach dem in dieser Perikope mitentschiedenen Verhältnis von Evangelium und Gesetz, christlichem und jüdischem Glauben wirft von selbst die Frage nach dem auf, der hier spricht. Jesus weist – ganz im Glauben Israels – von seiner Verehrung als Rabbi, als guter Lehrer, ja als Guter überhaupt weg: Er bleibt Verweis auf den Einzigen, den Guten. Wer entscheidet denn über das ewige Leben wenn nicht der Ewige selbst? Welche Macht kommt dem Lehrer zu, der nicht eigene, sondern die Gott eigene Vollmacht der Erwählung zum ewigen Leben ausübt? Es ist durchaus Jesus selbst, der diese Frage den ihm Begegnenden stellt. Er stellt sie allem Volk nicht nur durch das Unerhörte seiner verheißenden und gebietenden Rede – »Sie kamen außer sich [. . .] und sprachen: ›Was ist das? Eine neue Lehre voller Macht!‹« (Mk 1,27) – sondern gleicherweise durch das, was er tut: »So etwas haben wir noch nie gesehn!« (Mk 2,12). Die Frage wird explizit den Jüngern gestellt: »Ihr aber, wer sagt ihr, daß ich sei?« (Mk 8,29) und sie wird eben jetzt faktisch auch dem reichen Mann gestellt. Er hat sich zu entscheiden, ob er weiterhin Jesus nur für einen besonders guten Lehrer des Gesetzes halten will oder alles verläßt, um dem nachzufolgen, der ewiges Leben zu vergeben hat. Die »Christologie«, das rechte Bekenntnis zu dem im Evangelium bezeugten Gesandten Gottes, ist offenbar nicht schon verbal, sondern erst durch die Hinwendung des ganzen Herzens, der ganzen Person und des – im wörtlichen Sinne – ganzen Vermögens zu dem hin entschieden, der in Wahrheit selbst der Weg des Lebens ist.

Wo die Frage nach Gott aufbricht, da wird – viertens – auch die Frage nach den Möglichkeiten der Menschen vor Gott gestellt. Der Jüngling und die Jünger wissen beide nicht, wie sie wirklich zum Leben kommen sollen. Und wo es ihnen gesagt wird, da erkennen sie nur das eine: die faktische Unmöglichkeit, den ihnen geebneten Weg zu betreten. Jesus selbst gibt ihrer verzweifelten Frage »Wer kann denn gerettet werden?« anthropologisch gesehen gar keine tröstliche Antwort, sondern eine prinzipielle Begründung: »bei Menschen ist es unmöglich«. So wird aus der guten Nachricht über das, was durch Jesus bei den Menschen möglich geworden ist, die Frage des Menschen nach sich selbst verschärft: Was soll das für ein Geschöpf sein, welches den Hunger seines Daseins nicht sättigen, den Sinn seiner Existenz nicht erfüllen und das Leben nicht gewinnen kann? In welch verzweifelte Lage werden die gestürzt, denen zugleich der Weg zum Leben und die Unmöglichkeit, ihn zu gehen, aufgeht? Was ist der Mensch, wenn er, zum ewigen Leben gerufen, erst recht die ihm eigene Unfähigkeit zu diesem Leben entdeckt? Keine Zeit wird von dieser Verkündigung getroffen, ohne sich

Rechenschaft geben zu müssen über die der menschlichen Freiheit durch die göttliche Erwählung gesetzte Bestimmung, Grenze und Befreiung.
Die Perikope von der Berufung zum ewigen Leben stellt so zuletzt beide, die Nachfolgenden und die sich der Nachfolge Entziehenden, die Glaubenden und die Nichtglaubenden, die Kirche und die Gesellschaft unter dieselbe Erwählung und unter dasselbe Gericht. Wie sich aber beides zueinander verhält, die Erwählung der Letzten und die Verwerfung der Ersten, dies zu bestimmen fordert von der Auslegung einen mehr als historischen Kommentar. Denn mit der Perikope von dem sich distanzierenden Reichen und den sich auf ihre Nachfolge berufenden Jüngern ist die Verkündigung nicht zu Ende, sondern damit beginnt erst die Geschichte aller jener, die mit diesem Evangelium selbst zum ewigen Leben gerufen werden.

## 2. Die Wahrheit für die Reichen

### A) Ein Evangelium für die Reichen?

Die erste eingehende Auslegung der Perikope vom reichen Jüngling, die wir überhaupt kennen, enthält zugleich die früheste zusammenhängende Darstellung des Verhältnisses der alten Christen zum Reichtum[7]. Sie stammt von *Klemens von Alexandrien* (um 150–216), dem ersten »Fachtheologen« der Kirche. Da Klemens in der größten Stadt des Ostreiches, »dem größten Handelsplatz des Weltkreises« (*Strabon*[8]) für die gebildete Schicht unter den Glaubenden lehren und schreiben wollte, ist es kein Zufall, daß sich von Anfang an der Versuch einer systematischen Reflexion auf die Wahrheit des Evangeliums mit dem Problem von Arm und Reich verbindet. Denn das Proletariat der Weltstadt konnte weder lesen noch schreiben und suchte erst recht keinen Zugang zum Evangelium von den Fragen der stoischen Popularphilosphie her – genausowenig wie später die asketischen Mönche in der nur hundert Kilometer entfernten

Nitrischen Wüste, die nicht nur die luxuriöse Lebenskultur, sondern auch die reiche Konsumwelt Alexandriens flohen. Klemens verfaßte seine Schrift zu Mk 10,17–31 für die den christlichen Gemeinden um das Jahr 200 neu zuströmenden Oberschichten, wobei die Beobachtung nicht unwichtig sein dürfte, daß am römischen Kaiserhof (von *Commodus* bis *Caracalla*) Christen nicht nur geduldet, sondern in Einzelfällen auch schon mit höheren Ämtern betraut wurden[9]. Dieser aufstrebenden Schicht der Christen stand der Ruf des Evangeliums zur Armut im Wege. Und um dieses Hindernis aus der Welt zu schaffen, legte Klemens unsere Perikope unter dem bezeichnenden Titel aus: »Wer ist der gerette Reiche?«[10]. So wurde nicht das Evangelium verkündet, sondern für die Reichen interpretiert.

Das moderne Urteil zu dieser Auslegung geht so weit auseinander wie die sozialpolitischen Interessen der Verfasser selbst: *Konrad Farner* hält als Marxist das »prinzipielle Ideal des Klemens« für ein »kommunistisches«[11], während die sozialkritische Studie von *Wolf-Dieter Hauschild* in der seelsorgerlichen Schrift des Klemens »die erste theoretische Legitimierung der Kompatibilität von Christsein und Reichtum«, ja ein »theologisches Alibi« für den Wohlstand der Reichen sieht[12]. Nach der katholischen Sozialethik von *Otto Schilling* »rechtfertigt Klemens Reichtum und Eigentum durch eine dem sozialen Gebiet entnommene Begründung«[13] und hat »durchaus gesunde Anschauungen über Reichtum, Luxus und Eigentum«[14]. Eine solche Rechtfertigung des Privateigentums in der Auslegung von Jesu Ruf zur Armut paßt auch der liberalen protestantischen Universitätstheologie: »Es ist die dem Reichtum günstigste und dabei ökonomisch verständigste Schrift, überdies von einer feinen und zarten Frömmigkeit erfüllt« urteilt *Ernst Troeltsch*[15]. Solche Urteile zeigen, wozu das Evangelium gebraucht werden kann und seit Klemens immer wieder gebraucht worden ist – *Karl Barths* Auslegung wird nicht zuletzt fragen lassen, ob solche Gebrauchsweisen nicht vom Text so weggehen wie der reiche Jüngling selbst.

In der Tat: Nach Klemens zeigt die Berufungsgeschichte des Reichen gerade, wie dieser, *ohne* seinen materiellen Besitz aufzugeben, ins ewige Leben eingehen kann. Würde die Perikope materialistisch verstanden, so müßten die Reichen verzweifeln und es bliebe ihnen kein anderer Weg, als die diesseitigen Güter bis zur Neige auszukosten. Aber Klemens läßt das Evangelium selbst etwas ganz anderes sagen (Allegorese): Es ziele niemals auf eine buchstäbliche, also materielle Erfüllung, sondern immer auf die höhere geistliche Erneuerung:

»Denn da wir wohl wissen, daß der Erlöser den Seinen alles auf göttliche-mystische, nichts aber auf menschliche Weise zu lehren pflegt, dürfen wir seine Worte auch nicht fleischlich auffassen«[16].

Auch Klemens liest unsere Perikope als die Summe des Evangeliums, weil in ihm das letzte Ziel des Lebens, die Erlösung selbst zur Sprache kommt. Aber da er Erlösung nicht als das Kommen des Reiches Gottes versteht, das einen neuen Himmel und eine neue Erde bringt, sondern als innere Befreiung zur Erkenntnis des ewigen Gottes, versteht er auch den Erlöser als den Lehrer zur wahren Gotteserkenntnis und sein Evangelium als das Lehrbuch zur Unsterblichkeit, als Buch von der wahren »Gnosis« (erlösenden Erkenntnis). Solchermaßen entmaterialisiert ruft nun unsere Perikope Arme und Reiche dazu auf, frei zu werden für die Wahrheit vom ewigen Leben, d. h. alle inneren und äußeren Bindungen fahren zu lassen, welche ein Leben aus der beständigen Erleuchtung durch Gottes eigenes Wort verhindern. Weil ein materiell elendes Leben einer solchen Erleuchtung nicht weniger entgegensteht als das an materiellem Mehrwert primär orientierte Dasein, kann Jesus den Reichen nicht zur Verschleuderung seiner Güter an die Elenden und die Elenden nicht zum Verharren in ihrer Situation aufgerufen haben. Das rein geistliche Ziel seiner Verkündigung verlangt vielmehr eine Ethik, welche die materiellen Voraussetzungen zum wahrhaft beschaulichen Leben für alle Schichten zu schaffen hilft. Und so bekommen wir es in Klemens' Homilie über den zu rettenden Reichen sowohl mit einer sehr geistlichen als auch einer sehr sozialethischen Schrift für die Reichen zu tun: Um für die geistige Betrachtung des Lebenszieles frei zu werden und diesem Ziel entsprechend geistlich leben zu können, haben sich die Reichen innerlich frei zu machen vom Reichtum und äußerlich den Armen zu einem Lebensunterhalt zu verhelfen, der auch ihnen ein beschauliches Leben ermöglicht. Die im vorausgehenden Abschnitt herausgestellten fünf Dimensionen der Frage, vor welche Jesu Ruf in die Nachfolge stellt, beantwortet Klemens auf eine für die Geschichte der Kirche so folgenreiche Weise, daß sich – im Vorblick auf *Karl Barths* energische Korrekturen – eine kurze Einzelcharakterisierung seiner Auslegung lohnt:

## B) Die fünf Probleme

Nach den Evangelien faßt Jesus die Reichtümer nie unabhängig von ihrer Macht ins Auge, den Menschen so zu beherrschen, daß er die Freiheit für Gottes Reich verliert. Daß er in der Bergpredigt nicht *fordert,* sie als Mammon (als beherrschende Lebensmacht) aufzugeben, sondern schlicht festhält: »Ihr könnt nicht Gott und dem Mammon dienen« (Mt 6,24; Lk 16,13), zeigt, daß der Reichtum ihm nicht als wertfreies Instrument zum Guten oder zum Bösen gilt, sondern als faktisch vergötzte Macht. Klemens aber macht ihn genau zu dem, was er noch in der modernen Sozialethik der Kirchen ist, zum an sich neutralen Instrument des Handelns, zum bloßen Mittel für sozial nützliche oder sozial schädliche Zwecke:

»Das Vermögen, das den Nächsten nützt, darf nicht verschleudert werden; denn als Besitz ist es besitzenswert und als Vermögen eben gerade dazu vermögend, wozu Gott es zum Nutzen der Menschen geschaffen hat. Wie ein bloßer Stoff oder wie nützliche Werkzeuge steht es jenen Besitzern zur Verfügung, die es eben gerade als Werkzeug zu handhaben wissen. Brauchst du's geschickt, so wird es selber geschickt, mangelt dir die Geschicklichkeit [téchne], so nimmt das an sich unschuldige Vermögen an deinem Unvermögen teil. Der Reichtum ist ein solches Werkzeug [. . .] Er ist von Natur aus zum Dienen, nicht zum Herrschen geboren. Was von sich aus weder gut noch schlecht, sondern unschuldig ist, darf deshalb nicht angeklagt werden wie einer, der es nach seinem freien Willen gut oder schlecht gebrauchen kann. Das aber ist der menschliche Verstand und sein freies Urteilsvermögen: Er hat die Selbstmacht, das ihm Gegebene recht zu verwenden. Also sind nicht die Besitztümer zu zerstören, sondern die Leidenschaften der Seele, die das ihr Unterworfene nicht besser zu gebrauchen wissen. Die Forderung, auf den ganzen Besitz zu verzichten und alles zu verkaufen – so ist demnach auszulegen – gilt also von den Leidenschaften der Seele. Wer solchermaßen hochherzig geworden ist, der wird in der Lage sein, seine Reichtümer auf nutzbringende Weise zu gebrauchen.«[17]

Warum trat der reiche Mann im Evangelium nicht in die Nachfolge Jesu ein? Offenbar nicht, »weil er viele Güter besaß« (Mk 10,22) und »sehr reich war« (Lk 18,23), sondern weil ihm die Einsicht in den tieferen Sinn von Jesu Ruf fehlte: ihm fehlte die Gnosis, die rechte Gotteserkenntnis. In ihrem Licht hätte er erkannt, daß er beides zugleich hätte erhalten können: das ewige Leben und die Kraft zum rechten Umgang mit seinem Reichtum. Mit dieser frohen Botschaft für die Reichen entmaterialisiert Klemens das Evangelium radikal. Es will mir scheinen, daß mit dem ganzen Streit um die konkrete soziale Verfassung des Gemeindeideals zu Ende des 2. Jahrhunderts – ob kommunistisch oder frühbürgerlich angepaßt – die entscheidende Interessenverlagerung noch nicht zur Sprache gekommen ist. Entscheidend war der Vorgang der Ethisierung des Evangeliums selbst: aus dem Ruf in die Nachfolge wurde eine theologische Lehre, welche darüber befindet, wie mit den sozialen Gütern umzugehen sei. Der Gesinnungsethik des Klemens, in der alles auf das innere Motiv des Handelns ankommt, entpricht gerade seine Verantwortungsethik, welche die Reichen nicht nur auf ein geistliches Leben verpflichtet, sondern auch sehr streng auf ihre soziale Verpflichtung gegenüber den Armen festlegt. Klemens nennt das Geld »Allotria«[18], d. h. nach der Weltanschauung der Stoa das, was der Erkenntnis äußerlich bleibt. Damit neutralisiert er die ökonomische Macht, die das Neue Testament als Mammon zur Sprache bringt. Die Spiritualisierung der Nachfolge entschärft den in der Botschaft Jesu benannten Widerspruch zwischen dem kommenden Reich der Gerechtigkeit und der realen Herrschaft des Geldes.

Diesem ersten Moment entspricht das zweite: das Verhältnis zum Gesetz, zur sozialen Weisung Israels. Hier tritt der große Bruch von Kirche und Israel, von Gnade und Gesetz, vom geistig verstandenen ewigen Leben und geschichtlich erwarteten Reich Gottes zutage, den Bruch, den – nach *Thomas* und *Calvin* – *Karl Barth* in seiner Auslegung des Evangeliums aus der Wurzel zu heilen sucht. Nach Klemens steht der reiche Jüngling für das dem Gesetz gerechte Israel: Es kommt durch seine Gesetzeserfüllung nicht zum ewigen Leben, es findet durch die Thora nicht zur Gnade, durch sein Werk nicht zur Erlösung. Er versteht Jo 1,17, »Das Gesetz war durch Mose gegeben, die Gnade und die Wahrheit aber ist mit Jesus Christus zur Welt gekommen«, in einem sich ausschließenden Sinn. Denn »die durch den Knecht des Glaubens vermittelten Gaben sind nicht das gleiche, wie die durch den vollbürtigen Sohn gebrachten Geschenke«[19]. Die Gnade, die Christus bringt, wird als etwas Neues und Anderes gegenüber dem verstanden, was im Glauben Israels Gottes gute Gabe hieß. Klemens verachtet – mit Paulus – keineswegs das Gesetz, aber er stellt das Reich der Gnade so über das Gesetz wie die Unsterblichkeit über die Vergänglichkeit, wie die wahre Gnosis über die bloß äußerliche Erkenntnis. Die Gnade gibt »das Gute, das über dem Gesetz ist [. . .] denen zum Eigentum, die das Leben haben«[20], d. h. denen, die in Christus sind. Damit wird nicht nur das Gesetz von seinem tragenden Grund der freien Zuwendung Gottes zu seinem Volk gelöst, sondern auch das Evangelium vom Gesetz getrennt. Das sozial gute Handeln wird zur bloß ethischen Konsequenz der ganz innerlich aufgefaßten Nachfolge Jesu.

Jesus selbst erscheint dabei als der Erzieher vom Gesetz zur Gnade, als der »Lehrer überhimmlischer Weisheit«, der sich seiner Kirche als Brot und Trank der Unsterblichkeit darbietet[21]. Daß Jesus selbst als armer Jude uns durch die vollkommene Erfüllung des Gesetzes den Weg zum Leben bahnte, diese Menschlichkeit Gottes tritt zurück vor dem völlig leidenschaftslosen Gottwesen, übrigens bis zur Grenze der (doketischen) Häresie, nach welcher auch Klemens meint, daß Christus nicht hungerte und dürstete, so sehr hätte in ihm das ewige Wort Gottes die Leiblichkeit überwunden[22]: Christus ist der völlig »apathische« Mensch.

Daß dieses Christusbild mehr der mittelplatonischen und stoischen Idealisierung eines elitären Menschenbildes als dem biblischen Zeugnis entspringt, leuchtet ein. Und es leuchtet auch ein, warum die auf die Gnosis reflektierende Oberschicht dem armen Juden aus Galiläa als dem menschlichen Worte Gottes fremd gegenübertritt. Für Klemens jedoch bietet diese Projektion seiner stoischen Ideale vom wahrhaft apathischen Menschen auf Christus umgekehrt die Möglichkeit, unseren Text als *Begründung* für sein Ethos vom leidenschaftsfreien Menschen auszulegen. Und dies treibt zuerst in bestechender Weise gerade den inneren Freiheitssinn der Nachfolge aufs Schärfste hervor; so legt er Jesu Aufforderung zum Verkauf der Güter aus:

»Er befiehlt ihm nicht, [. . .] den von ihm beherrschten Reichtum wegzuwerfen und die Gelder von sich zu tun, sondern aus seiner Seele die Gedanken [die »dogmata] an die Gelder zu verbannen, die leidenschaftliche Liebe zu ihnen, das Verlangen danach, die unruhige Sorge darum, diese Dornen des irdischen Lebens, die den Samen des ewigen Lebens erstikken.«[23]

So erklärt sich ihm leicht, warum die Jünger, die doch alles verlassen haben, so entsetzt auf Jesu Armutsforderung reagieren. Sie sind innerlich noch nicht wahrhaft freie Menschen geworden. Desgleichen müßten aber auch die Armen selbst nach Klemens vor dieser Forderung in Furcht und Zittern geraten:

»Denn es ist unmöglich und ist auch nie geschehen, daß einer, dem es am Nötigsten fehlt, in seinem Sinn nicht niedergebeugt wird und zur Muße kommt, da sein Trachten nur darauf zielt, wie er sich Reichtümer auf alle Weise beschaffen könnte«[24].

So bleibt der Reiche und der Arme gleichermaßen weit entfernt vom wahren Bild des Menschen, das Gottes Ebenbild, Christus selber, vorgezeichnet hat: vom Bild des Menschen, der Zeit hat, sich ganz auf das Ewige zu konzentrieren, um das Diesseits loszuwerden. Vom stoischen Ideal des Freizeitmenschen bleibt Klemens trotzdem fern: nicht nur weil sein Ideal nur in Christus erfüllbar wird (was immer noch die bloß christliche Ideologisierung der römischen Bürgerlichkeit sein könnte), sondern gerade

deshalb, weil hier energisch auch den Verelendeten der Großstadt zur Sättigung und zum Raum für die Muße verholfen werden soll. Der ideale Mensch ist nicht nur genügend reich, um von Sorgen frei zu sein, sondern auch genügend christlich, um im notleidenden andern seinen Nächsten, Christus als Erlöser selbst zu erkennen[25]!
Darin allerdings hat der Reiche vor dem Armen einen entscheidenden Vorsprung: Er kann sich durch die freiwillige Nächstenliebe schon hier auf Erden »das Himmelreich erkaufen«[26]. Es ist selbstverständlich, daß in einer solchen Ethik des Tauschhandels das letzte Wort der Perikope bei Markus »Viele Erste werden Letzte und die Letzten Erste sein« (10,31) allein durch die Ethik, also doch durch das Gesetz entschieden wird.

## C) Bürgerliche Theologie?

Es genügt, sich in die Predigten der europäischen Christenheit unserer Zeit zu vertiefen, um zu sehen, daß dieses alte Verständnis des Evangeliums auch für das moderne Bürgertum vorbildlich geblieben ist. Dies gilt nicht nur für die sozialethisch ausgerichteten katholischen Predigten, die auf die Nächstenliebe des selbst gesicherten Bürgertums drängen, sondern auch für die modern gewordenen Kirchen der Reformation, die *Karl Barth* entschieden zum Evangelium zurückruft. Auch wenn er in seiner Auslegung auf den wichtigsten Widerpart seiner eigenen theologischen Arbeit nicht eigens eingeht, möchte ich doch auf dessen Predigten zu unserem Evangelium wenigstens hinweisen. *Friedrich Schleiermacher* hat für das reiche Bürgertum unserer Tage das neu formuliert, was Klemens den reichen Weltstädtern seiner Zeit zu ihrem Trost zu sagen wußte: Daß es ein »falscher Wahn« wäre[27], der die Ordnung der Gegenwart zerstören und ihre aussichtsreiche Zukunft verbauen würde, wenn dieses Evangelium wörtlich verstanden würde; daß bei dem allerdings notwendigen Gütererwerb »das Herz nicht hängen soll an dem irdischen Besitz«[28] und die Begierden der Armen nicht weniger aufzugeben seien als jene der Reichen[29], daß »alles verlassen« nur heißen könne, alle

Menschen recht zu lieben usw... Allerdings wird die erste Entschärfung des Evangeliums der Armen durch die alte Kirche noch einmal kräftig gemildert. Denn jetzt geht es um die rechte Gestaltung des Gesellschaftslebens mehr als um das ewige Leben, um die Menschheitsliebe mehr als um die Liebe zu Christus im Armen selbst, um die psychologische Erfahrung der Kirchlichkeit mehr als um die Nachfolge Christi. *Karl Barths* Kritik an der verbürgerlichten evangelischen *und* katholischen Kirche sucht deshalb in seiner Auslegung erst einmal wieder die Erwählung durch Christus in den Mittelpunkt zu stellen. Er vermeidet dabei aber auch ganz bewußt die katholische Spaltung des Evangeliums für die Vollkommenen einerseits, die gewöhnlichen Christen andererseits. Dazu lohnt sich, zuzusehen, wie *Thomas von Aquin* unser Evangelium als »Rat« für die im vollkommenen Sinne Christus Nachfolgenden auslegt; die neuere sozialgeschichtliche Forschung scheint seine Unterscheidungen zu bestätigen.

## 3. Der Weg für die Vollkommenen

In der katholischen Kirche, die ihr Glaubenbekenntnis durch die Theologie des *Thomas von Aquin* besser ausgelegt weiß als durch jede andere Theologie, wird zumeist vergessen, daß ihr Urheber das Evangelium der Armut durchaus wörtlich genommen und die Armut in der Nachfolge als den leichtesten Weg zum wahren Lebensziel gepriesen hat. Allerdings hat auch gerade des Thomas praktische Auslegung unseres Evangeliums mehr als jede andere Theologie den katholischen Christen in der Neuzeit die bequeme Trennung zwischen den evangelischen »Räten« für asketisch lebende Ordensleute und den »Geboten« für alle ermöglicht, denen ohne jede Weltfremdheit der »normale« Heilsweg genügt. Die Frage ist allerdings, ob diese soziale Differenzierung nicht in der Situation der urchristlichen Botschaft selber schon angelegt war, so daß Thomas von Aquin mit seiner Verteidigung der materiellen Armut als dem evangelischen Weg zur Vollkommen-

heit bei gleichzeitiger Rechtfertigung eines allgemeinen Heilsweges gerade die ursprüngliche Radikalität unseres Evangeliums – wenn auch nur für wenige – wieder zur Geltung gebracht hätte.
Für den römischen Katholizismus wurde die innerkirchliche Differenzierung zwischen den zum Gelübde der Armut Berufenen und den nur zur Armenfürsorge verpflichteten »weltlichen« Christen (Weltklerus und Laien) seit dem 13. Jahrhundert zur Selbstverständlichkeit. Erst die Wahrnehmung der unaufhaltsam wachsenden Not auch der katholischen Bevölkerung in der sogenannten »dritten Welt« hat nach dem 2. Vatikanischen Konzil durch die Theologie der Befreiung diese Selbstverständlichkeit des katholischen Bewußtseins in Frage zu stellen vermocht. Lange vor dieser einschneidenden Zäsur im katholischen Verständnis der Nachfolge hat *Karl Barth* aus den Wurzeln der reformatorischen Besinnung und in der Erschütterung über die sozial verheerenden Folgen der bürgerlichen Wirtschaftswelt eine solche Spaltung der Nachfolge im erneuten Hören auf das Evangelium für ganz unmöglich gehalten. Gerade deshalb ist es notwendig, die Akzente der soziologischen und theologischen Argumentation zu spüren, die in der traditionellen Auslegung so deutlich anders gesetzt waren. Die gegenwärtige sozialgerichtliche Fragestellung scheint dabei die traditionellen Unterscheidungen allerdings eher aufrechterhalten zu wollen.

## A) Ein abgestuftes Ethos?

Eine »Soziologie der Jesusbewegung« nennt *Gerd Theißen* seine historische Untersuchung des typischen zwischenmenschlichen Verhaltens im Urchristentum (ca. 30–70 n. Chr.)[30]. Befragt man das Neue Testament, wie sich die in ihm hervortretenden sozialen Rollen von den für seine Umwelt typischen Verhaltensweisen abheben, so erhält man die nicht gerade erstaunliche soziologische Auskunft, »daß die innovierende Funktion von Religion nur selten so deutlich zu Tage tritt wie hier«[31]. Obwohl es der Soziologie nicht um die Wahrheit dieser »Religion«, sondern um die soziale Wirkung ihrer Erscheinung geht, ist es für uns Moderne sehr bemerkenswert, daß die freiwillige materielle Armut das auffälligste öffentliche Merkmal der ersten Anhänger des »Offenbarers« war. Wie für Jesus scheint auch für seine Nachfolger gerade das sozial abweichende Verhalten das Typische gewesen zu sein. Theißens Hauptthese besagt schlicht, »daß Jesus nicht primär Ortsgemeinden gegründet, sondern eine Bewegung vagabundierender Charismatiker ins Leben gerufen hat«[32]. Zur »vollen Nachfolge« gehörte offenbar nicht nur vollständige Besitzlosigkeit, sondern auch die Preisgabe von Heimat, Familienbindung und jeglichem sozialem Schutz: »Hier war Armut nicht nur Schicksal, sondern Aufgabe«[33].

Die Pointe von Theißens sozialgeschichtlicher Darstellung liegt darin, daß die Außerordentlichkeit der Jesusbewegung ohne die Ordentlichkeit der Umwelt gar nicht existenzfähig gewesen wäre. Die vogelfreien Existenzen hätten ohne die etablierten Verhältnisse nicht zu überleben vermocht: die »Wandercharismatiker« waren auf »Sympathisanten« angewiesen, die Jesus Nachfolgenden auf seßhaft bleibende »Ortsgemeinden«. So banal dies klingt, so folgenreich wirkte sich diese elementare Angewiesenheit der predigenden und heilenden Außenseiter nach Theißen doch schon auf das urchristliche »Ethos« aus. Denn die Perikope vom reichen Jüngling zeige gerade, daß es zwischen der Gruppe der Wandercharismatiker und der ortsansässigen Sympathisanten »ein abgestuftes Ethos« gegeben habe[34]. Sofern er die Gebote halten soll, repräsentiere der Reiche das durchschnittliche Gemeindemitglied, sofern er nach Matthäus 19,21 alles verkaufen soll, um vollkommen zu werden, werde er zum radikalen Ethos der Jesusnachfolge gerufen. Fazit: »Es gibt besondere Gebote für Vollkommene«[35].

So unwiederlegbar Theißens historischer Nachweis von der materiellen Radikalität der ursprünglichen Existenzform Jesu und seiner Jünger auch sein mag, so unhistorisch bleibt doch die daraus soziologisch abgeleitete These vom »abgestuften Ethos« und den »besonderen Geboten für Vollkommene«. Denn dadurch wird nicht nur verdeckt, daß die Verkündigung der Gottesherrschaft *alle* in die Umkehr ruft, sondern es wird auch das Handeln gemäß der mit Jesus anbrechenden Gottesherrschaft durch den modernen Ausdruck des »Ethos« sehr mißverständlich wiedergegeben. Das angebrochene Reich Gottes ermöglicht allen, die sich von ihm bestimmen lassen, ein neues Leben, ein »ewiges« Leben. Die Jünger bilden darin keine Gruppe der Vollkommenen, keinen Orden und keine Sekte. Sie haben also auch nicht »besondere Gebote« zu erfüllen, vielmehr werden sie – wie *Martin Hengel* schon früher gezeigt hatte – wie alttestamentliche Propheten aus Beruf und Familie herausgenommen zum Dienst an der Sache der Gottesherrschaft[36]. Was sie von allen andern unterscheidet, ist der ganz unverfügbar an sie ergangene Ruf zur »Schicksalsgemeinschaft, die auch Entbehrung und Leiden im Gefolge des Meisters nicht scheut«[37]. Die Seligpreisung der Armen gilt aber wiederum nicht nur den Jüngern, sondern allen materiell Armen. Hieran scheitert die These von den abgestuften Geboten erst recht. So verlangt denn in der Tat gerade unsere Perikope äußerste Aufmerksamkeit auf das, was in ihr – nicht gefordert wird. Sie ruft weder das ganze Volk in die materielle Armut noch rechtfertigt sie die Reichen. Sie ruft vielmehr den einzelnen in eine Nachfolge, die zeichenhaft deutlich macht, welche Gerechtigkeit Gottes Reich allen nahe bringt. Die gesetzliche Fixierung eines abgestuften Ethos bleibt dem Evangelium fremd, so fremd wie eine bloße Gesinnungsethik, der es auf die innere Distanz zum ungerechten Mammon allein ankäme. Jesus hat keine Sekte gegründet, weder im materiellen Sinne einer apokalyptischen Armutsbewegung noch im Sinne eines bürgerlichen Gesinnungsvereins.

## B) Zwei Wege der Liebe

### *a) Armutsstreit*

In einer Situation, in der das Problem der Massenarmut sich den etablierten kirchlichen Institutionen durch radikale christliche Armutsbewegungen so mächtig aufdrängte wie heute den Kirchen der Ökumene durch die Basisbewegungen der Befreiungstheologie, suchte *Thomas von Aquin* (1224–1274) beides festzuhalten: das Recht zur freiwilligen materiellen Armut in der Nachfolge Jesu und die strikte Sozialpflichtigkeit aller Christen. Auch Thomas von Aquin wurde wie Franziskus von Assisi als »reicher Jüngling« geboren und auch er hatte – von den kleinadeligen Eltern zur Karriere in der ökonomisch und politisch mächtigen Benediktinerabtei Monte Cassino bestimmt – alle Gebote halten gelernt. Wiederum wie Franziskus entzog er sich (nicht ohne Dramatik) seiner Heimat, den Familienbanden und den Versuchungen des monastischen Besitztums, um die Wahrheit des Evangeliums ausgerechnet als Mitglied einer neuen kirchlichen Armutsbewegung, des Bettelordens der Dominikaner, zu verkünden[38].

Jede sozialromantische Betrachtung der hochmittelalterlichen Armutsbewegungen verbietet sich angesichts der Härte der materiellen Armut des 12. und 13. Jahrhunderts, dem innerkirchlichen Kampf um die neuen Bettelorden und der blutigen Vernichtung der Basisbewegungen der Armen, von denen die Waldenser, Katharer und Humiliaten nur die bekanntesten, aber keineswegs einzigen waren[39]. Von Südfrankreich bis nach Galizien erhoben sich seit dem Beginn des 12. Jahrhunderts verarmte Bauern und Handwerker gegen die kirchliche und weltliche Feudalität, oft unter der Führung messianischer Armutsgestalten und zumeist – besonders eindrücklich in der Erweckung des *Pierre Valdes* und des Franziskus von Assisi[40] – unter Berufung auf unsere Perikope vom Ruf zur Armut der Nachfolge. Aber während die kirchlichen Institutionen im 12. Jahrhundert die Armen *sozial* durch klösterliche und kanonische Fürsorge und *theologisch* durch die karitative Inpflichtnahme der Reichen um ihres ewigen Seelenheiles willen zu versorgen suchten (weil Almosen die Sünden tilgen), so rückte seit Beginn des 13. Jahrhunderts das Ideal der Katharer, Christus als dem Armen durch freiwillige Armut gleich zu werden, auch in das innerkirchliche Bewußtsein. In der franziskanischen und dominikanischen Ordensbewegung wird der »Arme und Betrübte [. . .] wegen seines eigenen religiösen und menschlichen Wertes geschätzt und nicht nur als diensteifriges Instrument zur Sicherung des Seelenheils der Reichen. Am Ende des 12. Jahrhunderts war der Arme als *vicarius Christi* (Stellvertreter Christi) bezeichnet worden, nun wurde der bis dahin den Mönchen vorbehaltene Begriff *pauperes Christi* (die Armen Christi) auf alle Notleidenden übertragen.«[41]

Daß gerade in den Zentren der neuen frühbürgerlichen Geldwirtschaft, in den sich emanzipierenden Städten, Orden aufblühten, die von der durchaus verachteten Bettelei lebten und zugleich die Speerspitze der neuen Intellektualität an den ersten Universitäten bildeten, das führte zum langwierigen Kampf der besitzenden Weltkleriker gegen die neuen Bettelorden. In diesem nicht nur literarischen Kampf, in den *Thomas von Aquin* von dominikanischer – wie Bonaventura von franziskanischer Seite – her zweimal entscheidend eingriff (1256 und 1267–1271) und dabei mit päpstlicher Hilfe erst gegen die heftigen Angriffe *Wilhelms von Saint-Amour,* dann gegen die Predigten und Vorlesungen *Gérard d'Abbevilles* die innerkirchliche Armutsbewgung siegreich rechtfertigte, in diesem Kampf um die materielle Form des wahren Weges zur Vollkommenheit ging es ganz wesentlich um das Verständnis unserer Perikope vom reichen Jüngling. Denn anders als für die scholastische Theologie des neuzeitlichen Katholizismus galt für Thomas *und* für seine Gegner die Bibel als oberste Norm der Wahrheit, die letztlich eine praktische ist, weil sie das Ziel des Lebens enthüllt.

### *b) Lob der freiwilligen Armut*

In zwei Formen ist uns Thomas' Auslegung unserer Perikope überliefert: in der Nachschrift einer Vorlesung über das Matthäusevangelium aus der Zeit des ersten Armutsstreites[42] und in der sogenannten »Goldenen Kette«, einer kurz kommentierten Sammlung der überlieferten Auslegung der Kirchenväter zu allen vier Evangelien[43]. In beiden Kommentaren fällt weniger die für mittelalterliche Exegese selbstverständliche Kenntnis der Auslegungsgeschichte auf (*Chrysostomus* und *Augustinus* finden neben *Hieronymus, Gregor, Hilarius* u. a. am meisten Beachtung) als vielmehr der freie und sachorientierte Umgang mit dem überlieferten Verständnis der Schrift. Der Vergleich mit den Kampfschriften zum Armutsstreit und den entscheidenden Fragen der theologischen Summe zeigt, wie sehr die Wahrheit der Schrift die aktuellen Entscheidungen begründet[44].

Das zentrale Thema unseres Evangeliums ist für Thomas »die Vollkommenheit der Armut«[45]. Nüchtern grenzt er ein möglicherweise enthusiastisches oder auch sozialromantisches Verständnis der Armut von der ihr eigenen und durchaus relativen »Vollkommenheit« ab. Denn erstens liegt nach dem Alten und Neuen Testament die Vollkommenheit selbst nicht in der Armut, sondern in der Gottesliebe, der die Nächstenliebe entspricht: »die Gottesliebe ist die Vollendung, die Aufgabe der Güter dagegen der Weg zur Vollendung«[46]; zweitens finden auch die Gerechten in dieser Welt nicht zur Vollendung ewigen Lebens, sondern nur zu seinem unvollkommenen Beginn[47] und drittens liegt in der freiwilligen Armut nicht für alle der Weg zum wahren Leben[48]. Thomas verteidigt in seiner Auslegung den besonderen Weg der lebenslangen freiwilligen Verpflichtung zur Bettelarmut gerade mit der zentralen These, wonach der Weg zur Vollkommenheit wie die Vollkommenheit selbst allein in der Gottesliebe (in der *dilectio Dei*) und der ihr entsprechenden Nächstenliebe (der *caritas*) liegt. Denn die Liebe kennt

> »einen zweifachen Weg.Der erste genügt zum Heil. Er liegt in der Gottes- und Nächstenliebe, die ohne Verlust zum eigenen Gewinn wird, gemäß dem Wort der Schrift: ›Wer Gott liebt, der ist von ihm erkannt‹ (1 Kor 8,3); und diesem Weg war der Jüngling gefolgt. Der andere ist der Weg der Vollkommenheit: den Nächsten durch den Verlust des Eigenen zu lieben; diesen Weg beschritt er nicht. Und deshalb ging er traurig von dannen, wie er dazu gerufen wurde.«[49]

Entscheidend ist die Liebe, die uns mit Gott als unserem Lebensziel verbindet und »zwischen den Menschen Konsens herstellt«[50]. Sie verlangt, daß wir uns von allem trennen, was ihr entgegensteht: – von der »todbringenden Sünde«. Aber der

Liebende kann sich auch ganz auf Gott und den Nächsten einlassen: Dann trennt er sich von allem, was ihn vom geliebten anderen trennt[51], und dann folgt er dem Ruf in die freiwillige Armut. »Deshalb liegt das erste Fundament auf dem Weg zur Vervollkommnung der Liebe in der freiwilligen Armut, in der man ohne Eigentum lebt«[52].

Gegenüber der altkirchlichen und gegenüber der modernen bürgerlichen Wertung des Reichtums als eines an sich neutralen Instrumentes wird hier der Akzent deutlich anders gesetzt. Der Reichtum erscheint in strenger Bezugnahme auf unsern Evangelientext zuerst als ein *Hindernis* auf dem Weg zur Vollkommenheit. Es ist wahr, daß Thomas diese Sicht auch unter Zuhilfenahme der aristotelischen Ethik zu begründen sucht, wonach die für das wahre Leben entscheidende Erkenntnishaltung Muße zur Betrachtung und also Freiheit von der Sorge um den Gütererwerb braucht[53], aber entscheidend bleibt dabei doch, daß Thomas diese Freiheit von der Sorge um den Besitz nicht als eine Voraussetzung zur elitären Lebensweise der Wissenden verteidigt, sondern als unverzichtbare Voraussetzung zur vollkommenen Nachfolge Jesu und damit als Grundlage eines Lebens, das sich auf den Weg zur vollen Gottes- und Nächstenliebe gerufen weiß. In dieser Perspektive erscheinen Eigentum und Reichtum nicht zuerst als Instrumente zur Lebenssicherung und zur Nächstenliebe, sondern gerade als deren Gefährdung. Denn die Reichtümer bringen Geschäftigkeiten mit sich, welche in ihrer Besorgung Gottes Wort ersticken; die Besitztümer vermehren sonderbarerweise auch die Liebe zu ihnen, und schließlich entsteht gerade aus dem Reichtum die eitle Überhebung über andere[54]. Nicht ob und wie die Reichen gerettet werden, ist des Thomas Frage, sondern – nach dem Text des Evangeliums – warum der Reiche zur Aufgabe seiner Güter gerufen wird. Zur geistlichen Armut gehört deshalb nicht nur die rechte Gesinnung, die innere Distanz zum Eigentum, sondern »die Preisgabe der zeitlichen Güter – abiectio temporalium rerum«[55]. Es wundert deshalb nicht, daß Thomas öfters ein Loblied der freiwilligen Armut anstimmt, so im Jesajakommentar, wo er sie siebenfach preist:

Sie läßt die Macht der Sünde erkennen, gibt den Tugenden Halt, dem Herzen Ruhe und den Trieben Besänftigung, sie gibt Anteil an göttlicher Wonne, vermehrt die Verdienste und gewährt himmlische Erbschaft[56]. Ja, die freiwillige Armut erscheint Thomas als der »leichtere« Weg zum ewigen Leben, nicht als asketisches Schreckgespenst, sondern als besonderes Privileg, das Christus dem reichen Jüngling aus Gnade allein gewährt[57].
Was allen Christen gesagt ist, gilt für ihre Verkündiger erst recht. Thomas kennt zwei »Stände der Vollkommenheit« in der Kirche: den Stand der Bischöfe und den Ordensstand; beide beruhen auf der feierlichen Verpflichtung, nach dem Ruf des Evangeliums zu leben. Zwar konzediert Thomas den Bischöfen das Recht auf Privatbesitz (wenn auch mit strenger Sozialverpflichtung) und das Recht zur Verwaltung der Kirchengüter im Dienst des Kultes und der Bezahlung der Seelsorger, aber er macht doch darauf aufmerksam, daß die Bischöfe gleichermaßen angefordert sind wie der Ordensstand. Für einen Ordensstand, der wie jener der Dominikaner dem Ziel dient, die meditativ durchdrungene Wahrheit der Schrift andern zu verkündigen (contemplata aliis tradere), gehört die private Besitzlosigkeit und die äußerste Bescheidung gemeinsamen Besitzes zur notwendigen Voraussetzung des äußeren Dienstes und der inneren Vervollkommnung.
Was *Gerd Theißen* sozialgeschichtlich für das Urchristentum feststellt, gebraucht *Thomas* als Argument im Armutsstreit seiner Zeit. Beide halten an der materiellen Bestimmung unseres Evangeliums fest, Theißen für die Wandercharismatiker des Urchristentums, Thomas für die Bettelorden seiner Zeit. Beide unterscheiden aber auch die soziale Form der unmittelbaren Nachfolge von der für alle geltenden Verpflichtung. Zwar spricht Thomas nicht von einem abgestuften Ethos, weil das Gesetz des Evangeliums, das Gesetz der Liebe, alle gleichermaßen beansprucht, aber er unterscheidet doch zwischen den für alle geltenden Vorschriften (praecepta) und den besonderen Räten (consilia) für die zum Weg der Vollkommenheit Berufenen: Dagegen wird *Martin Luthers* Auslegung den schärfsten Protest erheben[59].

Denn die Nachfolge in der Armut wird dadurch zu einem »zusätzlichen Werk« des Menschen (opus supererogationis), das nicht zu den selbstverständlichen Gaben des Evangeliums für alle gehört. Unser Evangelium zeigte demnach laut Thomas zwar den leichtesten und vollkommensten Weg ins ewige Leben, aber eben doch auch keinen für alle eröffneten Weg. Die Wahl läge so – meinte Luther – bei den Menschen, womit auch das Evangelium unter die Räuber gefallen wäre. Das Entsetzen der Jünger ob Jesu Nachfolgeruf kann Thomas in der Tat nicht mehr wörtlich auslegen: Gerettet werden können auch Reiche, die »nur« den Geboten, nicht aber den »Räten« folgen. Wie in der sozialgeschichtlichen Auslegung wird deshalb auch hier die Armut der Nachfolge nicht auf ihre zeichenhafte Funktion zur Veränderung der ungerechten Wirtschaftsstrukturen selbst bezogen. Verschärft hat sich nur die Einsicht in die Gefährdung des individuell begriffenen Weges zum wahren Leben durch den Reichtum.

*c) Neue Akzente*

Unsere Perikope stellt nicht nur das Verhältnis der Christen zu Armut und Reichtum, sondern auch ihr Verhältnis zum jüdischen Gesetz, zu Christus und zu Gottes Macht in Frage. Die theologische Auslegung von Thomas setzt dabei gegenüber dem altkirchlichen Verständnis Akzente, welche für das ökumenische Gespräch mit Karl Barth voller Überraschungen sind.

Die erste Überraschung liegt in dem Verhältnis von Evangelium und Gesetz, das Thomas wie Karl Barth gegen den latenten Antijudaismus der alten und der modernen Kirche durch ein untrennbares Ineinander bestimmt wissen. *Thomas* sieht im reichen Jüngling (gegen *Hieronymus*) weder den gesetzlich verhärteten Juden noch gar den »reichen Juden«, der vom Reich der Himmel ausgeschlossen wird. Abraham, der wahre Glaubende, war als Reicher zur Vollkommenheit berufen[60]. Thomas zitiert in der Auslegung des Evangeliums gerade das Alte Testament, um zu zeigen, daß das Gesetz ohne die Liebe und die Liebe ohne den Glauben nicht zum Leben führt[61]. »Doch genügten dann nicht die Gebote zum Heil? Nein, sage ich, es sei denn, daß sie aus dem

Glauben an den Mittler und in der Liebe erfüllt wurden«[62]; diesen Glauben und diese Liebe aber gab der einzige Gott Israels seinem Volk in freier Erwählung und im Vorblick auf die Erlösung in Christus: »Obwohl das alte Gesetz nicht zur Rettung des Menchen genügte, wurde den Menschen zugleich mit dem Gesetz dennoch eine Hilfe von Gott gegeben, durch die sie gerettet werden konnten: der Glaube an den (kommenden) Mittler. Durch ihn sind die alten Väter so gerechtfertigt worden, wie auch wir selbst«[63]. Indem der reiche Jude alle Gebote hält, erfüllt er auch den Sinn des Gesetzes, der in der Gottes- und der Nächstenliebe liegt »und das geschieht nicht ohne Gnade«[64]. Thomas hat nicht nur das alte Gesetz vom Sinn des Evangeliums, dem Gesetz der Liebe, vorausgeprägt gesehen, sondern als einziger mittelalterlicher Theologe[65] auch umgekehrt die durch das Evangelium verkündete Gnade des Heiligen Geistes als das allen ins Herz gegebene Gesetz verstanden[66]. Da auch *Karl Barth* der Perikope vom reichen Jüngling in seiner Kirchlichen Dogmatik deshalb einen so entscheidenden Stellenwert gibt, weil sie zeige, daß »das Gestz die Form des Evangeliums, die Gestalt der Gnade Gottes ist«[67], kann die Auslegung von Thomas den katholischen und evangelischen Leser nicht nur skeptischer gegen die neuzeitlichen Trennungen von jüdischem Gesetz und christlichem Evangelium stimmen, sondern auch im ökonomischen Zusammenhang bereiter werden lassen, die durch und durch erfreuliche Seite des Gesetzes wahrzunehmen. Was Christus vom Reichen verlangt, befreit ihn zum Leben – und *so* erfüllt er das Gesetz.

Von katholischer Seite ist – oft unter Hinweis auf Thomas von Aquin – Karl Barth die Konzentration seiner ganzen Theologie auf Jesus Christus zum Vorwurf gemacht worden. Zwar ist hier nicht der Ort, diese schiefe Gegenüberstellung richtigzustellen[68], wohl aber zeigt Thomas' Auslegung unserer Perikope eine Konzentration auf Christus, welche die Nähe und die Distanz zu Barths Auslegung exemplarisch deutlich macht. Nahe kommt Thomas' Auslegung dem ganz auf Christus hinführenden Text von Karl Barth weniger durch die Kirchenväterzitate, in denen Christus – mit nicht ganz treffsicherem Geschmack – dem

Kamel, dem Nadelöhr und der Nadel selbst verglichen wird, weil er die Last unserer Schwäche trug, durch die Ängste der Passion ging und das zerschlissene Kleid unserer Natur mit den Nadelstichen seiner Leiden zusammenflickte[69]; aber näher kommt er ihm durch seine Betonung des wesentlichen Zusammenhanges zwischen Gottes freiwilliger Armut in seiner Menschwerdung und der Befreiung des Menschen von der Macht des Reichtums. Daß Gott in Christus freiwillig arm wurde, entsprach nach Thomas auf wirksamste Weise seiner göttlichen Macht und der Erlösung des Menschen aus den Verstrickungen der irdischen Reichtümer[70]: um unseretwillen ist er materiell arm geworden, damit wir in einem mehr als materiellen Sinne reich würden. Durch seine eigene Armut hat er uns aber auch den vollkommenen Weg zum wahren Reichtum eröffnet, den Weg der Armut: »in seinem Leben ging Christus den höchsten Weg der Vollkommenheit; und deshalb hat er die Vollkommenheit der Armut gelehrt (Mt 19,21)«[71]. In der Nachfolge nimmt uns Christus in die frei gewählte Form seiner Vollkommenheit auf; in seiner Armut erkennen wir die Macht seines Wortes[72]. Die Distanz zur Karl Barths ganz auf Christus hinführenden Auslegung zeigt sich allerdings gerade in dieser Nähe am deutlichsten. Denn nach Thomas – hierin *Augustinus* verpflichtet – führt Christus die Menschen dadurch auf den Weg des Lebens, daß er ihnen das Beispiel, das wahre *exemplum* der Armut gibt. Barth sieht hier tiefer: Christus bleibt uns nicht äußeres Beispiel, er tritt selbst an unsere Stelle – und deshalb geht er freiwillig den uns unmöglichen Weg der Armut bis zum Kreuz.

Obwohl sich dies durch die Arbeiten von *Hans Urs von Balthasar, Hans Küng* und *Otto Hermann Pesch*[73] inzwischen herumgesprochen hat, bleibt zuletzt die Überraschung doch groß, wenn im Kern der Perikope, in dem harten Wort, wonach das Rettende bei den Menschen unmöglich, bei Gott aber möglich sei, sich die klassisch katholische und die entschieden reformierte Auslegung treffen. Thomas insistiert hier ebenso unmodern wie Karl Barth auf der restlosen Unfähigkeit des Menschen, das von sich her zu tun, was ihm als gutes Geschöpf Gottes entspricht. Es genügt die entscheidende Passage aus dem Kommentar des Thomas zu zitieren, um jeden Kommentar überflüssig zu machen:

»Was soll das heißen? Wenn dies für die Menschen unmöglich ist, dann scheint der freie Wille erledigt zu sein. Es ist wahr, daß der Mensch von sich her sündigen kann; aber sich zu erheben und etwas zu seinem Heil zu tun, das kann er von sich her nicht, es sei denn durch die Gnade Gottes; Gott selbst vermag dies allein, wie es Röm 9,16 heißt: ›nicht die Sache des Laufenden und des Wollenden ist es, sondern Gottes, der sich erbarmt‹. Deshalb sagt auch Hiob (42,2): ›Nun weiß ich, daß Du alles vermagst – bei Dir ist nichts unmöglich‹. So ist es nach menschlicher Möglichkeit unmöglich, daß der Mensch gerettet wird, denn das menschliche Vermögen ändert seinen Willen nicht (potentia humana non immutat voluntatem); nur Gott vermag ihn zu ändern, wie Phil. 2,13 geschrieben steht: ›Denn Gott ist's, der beides in euch wirkt, das Wollen und das Vollbringen‹.«[74]

Gott erwählt die Armen. Restlos arm vor Gott, Habenichtse vor ihm sind alle, die in diese Welt kommen: Sie haben von sich her nichts, was sie zu Erben des Reiches machen könnte. Seine Gnade allein macht es möglich, dieses Reich zu suchen, in dieser Suche alles zu verlassen und von Gott gefunden zu werden[75]. Daß Gottes Güte den Menschen nach Thomas selbst die Vollmacht gibt, sich aus Gnade (aus dem was Christus ihnen verdient hat) das Reich zu erwerben, das ändert nichts daran, daß »die mit dem eigenen Willen vollzogene Abwendung von den Gütern dieser Weltzeit durch den Instinkt des Heiligen Geistes«[76] allein möglich wird. Die mit den real Armen solidarische Nachfolge Jesu ist und bleibt das Werk des Heiligen Geistes, des Geistes der Liebe Gottes.

## IV. Der Text von Karl Barth

### 1. Befreiung zum Evangelium

Wie können die Reichen gerettet und wie kann den Armen geholfen werden? – das hatte die alte Kirche gefragt. Wie kann die freiwillige Armut als Weg zur Vollkommenheit verteidigt werden? – das war für die hochmittelalterliche Theologie die Streitfrage. Beidemale ging es wesentlich um eine praktische und ethische Frage, deren Lösung unser Evangelium bringen sollte. Man möchte annehmen, daß im 20. Jahrhundert *der* Theologe, der nicht nur Dogmatiker par excellence gewesen ist, sondern – wie die Schweizer sagen – auch ein dezidierter »Sozi« (in Deutschland streitet man sich darüber, ob dies mit »Sozialdemokrat« oder mit »Sozialist« zu übersetzen sei), man möchte annehmen, daß Karl Barth das Evangelium vom Ruf in die Nachfolge der Armut ohne lange Umschweife zur eindringlichen Predigt für die Befreiung von der Massenarmut in Dienst genommen hätte. Nachdem einmal die Zusammenhänge zwischen der wirtschaftlichen Expansion der kapitalstarken Zentren des Welthandels (und dazu gehört Barths Herkunftsland, die Schweiz zuallererst) und der noch immer zunehmenden Verarmung der »Peripherie«, d. h. der an den Rand gedrückten Regionen dieser Erde, bewußt geworden sind, nachdem wir also ökonomisch über die Zusammenhänge von Armut und Reichtum aufgeklärt wurden, fordert Jesu Ruf zur Armut seiner Jünger anderes heraus als Ordensgründungen und Kompromisse für die Reichen. Aber Karl Barths Text begründet keine neue Ethik, er fordert nicht zu dem heraus, was ohnehin vor Augen liegt, Karl Barths Auslegung führt vielmehr von der Ethik in die Nachfolge. Präziser: Barth gibt dem Evangelium das Seine zurück, indem er es ganz und gar Evangelium sein läßt. Nach der langen und qualvollen Auslegungsgeschichte – wer soll solchen Ansprüchen genügen? – können alle, die an den ethischen Selbstverständlichkeiten zerbrechen und an der Ungerechtigkeit der Zustände verzweifeln, nur aufatmen, wenn sie Barths Text begegnen. Nicht weil er selbst etwas besonders Originelles, Tröstliches oder Einleuchtendes zu sagen hätte, gerade dies will er vermeiden; sondern weil er sich selbst und den Leser in die Situation des Evangeliums bringt, in die Situation des Menschen vor Gottes handelnden Willen, in die Begegnung mit Jesus Christus.

Allerdings: Barth war kein politischer Enthusiast, doch tat er so ziemlich alles, was ein Theologe überhaupt tun kann, um den

Christen die doppelte Buchführung zwischen ihrem bürgerlichen Privatglauben und ihrem öffentlichen Handeln zu verderben. Das Evangelium ersetzt nicht die Ethik (die Lehre von dem, was wir unbedingt zu tun haben), und es tritt nicht neben sie. Vielmehr zeigt Barths Auslegung des »reichen Jünglings«, daß das Evangelium der *Inhalt* dessen ist, was wir tun dürfen und tun sollen. Der Imperativ, der unbedingte Ruf zum rechten Handeln macht die Form, die Gestalt der ganzen Alt- und Neutestamentlichen Botschaft aus. Aber eben: der Inhalt ist erfreulich, »leichter als alles andere« würde *Thomas* sagen – und von diesem Inhalt her wird das rechte Handeln möglich und dringlich. Man braucht in der Tat nicht mehr zu wissen, ob man es in diesem Evangelium mit der Verkündigung von Gottes Barmherzigkeit allein oder mit der Lehre vom rechten sozialen Handeln zu tun bekommt, denn beides fällt jetzt zusammen: die Botschaft von der Gnade und Gottes Gebot, was dem Menschen aus reiner Barmherzigkeit gegeben und was ihm zu tun aufgegeben wird, das Evangelium und das Gesetz. Aber was für den Menschen auseinanderfällt, kommt für ihn auch nur zusammen, wo er dem begegnet, der beides ist: Gottes reine Barmherzigkeit und Gottes gerechter Wille. Beides hat ewig zusammengefunden in Gottes eigenem Wort, das in Jesus Christus ein armer Mensch geworden ist. In ihm befreit uns Gott vom Fluch unserer wirtschaftlichen Selbstsicherung und vom mythischen Zwang unserer Mehrwertproduktion, die mit dem Reichtum auch die Armut schafft.

Wie wenig selbstverständlich von der christlichen Tradition her und wie fremd gegenüber dem moralischen Gebrauch der christlichen Religion durch das Bürgertum des 19. und 20. Jahrhunderts Karl Barths Verständnis unseres Evangeliums war, zeigt nicht zuletzt der eigene Weg seiner Auslegung. Ich stelle deshalb der kurzen Einordnung unseres Textes in den Zusammenhang der Kirchlichen Dogmatik aus dem Kriegsjahr 1942 den Hinweis auf zwei Predigten voran, die Barth als Pfarrer in dem kleinen Bauern- und Industriedorf Safenwil 1914 und 1913 zum Text unseres Evangeliums gehalten hatte.

## 2. Eine neue Welt – keine neue Religion

Die moderne Gesellschaft verlangt eine klare Verteilung der öffentlichen Kompetenzen, sie funktioniert am reibungslosesten, wenn die Träger der sozialen »Rollen« ihre »Funktionen« streng innerhalb ihres Zuständigkeitsbereiches wahrnehmen. Dieses Grundgesetz der verwalteten Welt bestimmt auch die christliche Gemeinde in ihrem äußeren Verhältnis zu Gesellschaft und Staat und in ihrer inneren Lebensordnung. Als Pfarrer (1911–1921) hat Karl Barth von Anfang an die äußere Rollenverteilung von Gemeinde und Gesellschaft ebenso durchbrechen zu müssen geglaubt wie später als Professor die innerkirchliche Standesaufteilung zwischen universitär-akademischer Theologie und Verkündigung. In der Pfarrei war er politisch tätig (er gründete immerhin drei Gewerkschaften)[77] und an der Universität (1921–1962) bezog er die theologische Lehre weiterhin streng auf die Arbeit in der Gemeinde, auf die eigene und die der Auszubildenden, wobei die Aufgabe der Gemeinde nie ohne ihren spezifischen Dienst an der Gesellschaft, also nie ohne ihren auch »politischen Gottesdienst«[78] im Staat zum Thema wurde.

Kaum ein halbes Jahr Pfarrer, veröffentlichte Barth zu Weihnachten 1911 im sozialistischen Lokalblatt seinen Vortrag »Jesus Christus und die soziale Bewegung«, in welchem er den Abstand zwischen der sozialen Not (die er in seiner von zwei Fabriken abhängigen Dorfgemeinde konkret wahrnahm) und der traditionellen Theologie (er folgte ihr im Studium in ihrer liberalen Form) prinzipiell aufdeckte:

»Man darf wohl sagen: 1800 Jahre lang hat die christliche Kirche gegenüber der sozialen Not immer auf den Geist, auf das innere Leben, auf den Himmel verwiesen. Sie hat gepredigt, bekehrt, getröstet, aber sie hat *nicht geholfen*. Ja, sie hat allen Zeiten die Hilfe der sozialen Not gegenüber empfohlen als ein gutes Werk christlicher Liebe, aber [. . .] sie hat nicht gesagt: die soziale Not *soll nicht sein,* um dann ihre ganze Kraft für dieses *es soll nicht sein* einzusetzen [. . .] sie hat die soziale Not als eine vollendete Tatsache hingenommen, um dafür vom Geist zu reden, das innere Leben zu kultivieren und Kandidaten für den Himmel zu präparieren. Das ist der große, schwere Abfall der christlichen Kirche, der Abfall von Christus.«[79]

Hier fällt das Stichwort, welches die Kontinuität des gesamten Werkes von Karl Barth anzeigt und für die frühe wie die (hier abgedruckte) spätere Auslegung des Evangeliumrufes in die Nachfolge entscheidend bleibt: das Stichwort vom »hilfreichen Evangelium«. Wer Christus von der realen Hilfe trennt, die er in der sozialen Not bringt, der trennt sich von Christus.

Wer Karl Barths fundamentale Kritik am bürgerlichen Christentum und seine Entfaltung des biblischen Zeugnisses von Gottes Handeln kennt, die er seit seiner ersten Arbeit am Römerbrief (seit 1916) rastlos vertiefte, der wird gewiß nurmehr mit historischer Neugierde oder mit dem Lächeln des jetzt Besserwissenden die beiden frühen Predigten Barths zur Kenntnis nehmen, weil sie geprägt sind von bürgerlichem Moralisieren, von Erlebnistheologie und liberalem Pathos. Vor allem erstaunt, daß in dieser Verkündigung so ausgiebig vom seelisch desolaten Leben des reichen Jünglings, der Apostel und der Gemeinde die Rede ist, daß der Ruf Jesu und Jesus Christus selbst kaum zu Wort kommen. Trotzdem klingt das Grundthema vom hilfreichen Evangelium so unüberhörbar an, daß die Frage nach dem, der hier – wie unser Text aus der Kirchlichen Dogmatik zweimal formuliert[80] – als der »Freund und Helfer« unser Richter ist, sich wie von selber aufdrängt.

Zwei Themen des hilfreichen Evangeliums stehen in den beiden Predigten im Vordergrund. Beide bleiben auch in der kirchlichen Dogmatik unverrückt. Das erste betrifft die Verhältnisbestimmung von Evangelium und Gesetz, deren Ineinander wir in der katholischen Tradition nirgends so genau bedacht fanden wie bei *Thomas von Aquin*. In der Predigt vom 11. Oktober 1914 (zu Mk 10,17–23) – die europäischen Nationen zerfleischten sich seit drei Monaten im Krieg – legte er der Gemeinde nahe, sich selbst als der reiche Jüngling zu betrachten. Wie dieser durch ein seelisches Erlebnis zur Frage nach dem ewigen Leben kam, so wird nun die kirchlich und bürgerlich versicherte Gemeinde vom »Weltkrieg« aufgeschreckt und in Frage gestellt:

»Götzen sind gefallen, die wir anbeteten [. . .] Die Frage: ist das Alles? Ist nun das Leben, das Menschenleben, das, was sich da von Woche zu Woche furchtbar vor uns ausbreitet: der Machthunger der Russen und die Selbstgerechtigkeit der Deutschen und die Rachsucht der Franzosen und der kalte Handelsgeist der Engländer und die viehische Grausamkeit der Belgier [. . .] und der kleinliche Krämergeist von uns Schweizern. Ist das Alles? [. . .] Sind das – wir? Wir stellen die Frage und wissen doch ganz gut: Nein, das ist –*nicht* alles [. . .] Der Krieg hat ja nur aufgedeckt, was wir überhaupt sind. Er sagt uns deutlicher als jede Predigt: *das* nicht, euer Menschenwesen *nicht*. Es gibt etwas Anderes, von eurem ganzen Wesen das Gegenteil. Es gibt ewiges Leben [. . .]«[80]

Von Karl Barth geht die Fama, er hätte von Gott allein als von dem ganz anderen, der »Transzendenz ohne allen Spaß: *(Ernst Bloch)*[81] zu reden gewußt, zumal in seiner frühen Zeit. So wäre denn hier zu erwarten, daß das ganz andere, das ewige Leben, jenseits dieser im Krieg gemachten Geschichte zu suchen und ohne jedes menschliche Handeln steil von oben zu erwarten wäre. Nun schärfte zwar Pfarrer Barth der Gemeinde, welche im Krieg schon dadurch hilfreich sein zu können meinte, daß sie »eine Sammlung für das Rote Kreuz, Strümpfe für die Soldaten, Hilfscomités für die Notleidenden« fabrizierte[82], durchaus ein, daß sie mit solchem »Machen« nur in den stecken bleibe, woraus sie doch erlöst sein möchte; aber die Antwort auf die Frage nach dem ganz anderen wurde merkwürdig schlicht und gerade nicht durch himmlische Transzendenz gegeben. Die Antwort auf die Frage des reichen Jünglings, was denn zu tun sei, um ins ewige Leben zu kommen, sieht Barth nicht in dem »elften Gebot« der radikalen Nachfolge. Vielmehr führt der schlichte Gotteswille der zehn Gebote selbst zum Weg in das Leben, das Jesus dem Reichen eröffnet:

»Jesus brachte keine Neuigkeiten wie andere Religionsstifter oder Sektenhäupter. Das Neue an ihm war gerade das, daß er sagte: das Alte muß gelten, das längst Bekannte, schlicht Selbstverständliche, die einfachen Gottesgebote der Liebe und des Rechts [. . .] Er wollte einfach sagen: sieh, so siehts aus, wenn du die zehn Gebote wirklich halten willst. Dann heißts – ja dann heißts, alles drangeben um Gottes Willen, von allem, woran dein Herz hängt an sichtbaren Gütern, dich ganz frei machen, alles was du hast, in den Dienst deiner Brüder stellen. Den Weg der Armut und der Liebe mit mir gehen [...] Das *Ich* und das *Mein* gibts da nicht mehr [...] Wo dieses Gesetz herrscht, da ist das Reich Gottes. Im Reiche Gottes gibt es Arm und Reich nicht mehr [...] weil es dem Reichen unmöglich ist, den Armen arm zu lassen [...] Die Gewehre würden sich senken, die jetzt zu tausenden von Brüdern auf Brüder gerichtet sind.«[82]

Da, wo wir erwarten, daß von »Evangelium« die Rede wäre, sagt Barth »Gesetz«: »wo dieses Gesetz herrscht, da ist das Reich Gottes«. Das steht nicht in einer alttestamentlichen Predigt oder in einer jüdischen Auslegung, sondern das macht den Sinn des Evangeliums von der Nachfolge Jesu aus. Der im Gesetz offenbare Gotteswille hat das Evangelium zu seinem Inhalt, und dieses, Gottes Wort, gibt zu tun.

Das zweite Thema, das in der früheren Predigt (zu Mt 19,27–30) vom 20. Juli 1913 stärker akzentuiert wird, ergibt sich aus dieser Bestimmung von selbst. Es steht in deutlichem Gegensatz zu den spiritualistischen Jenseitsvorstellungen der alten Kirche (wie bei *Klemens*) und zur kontemplativen Zielvorstellung vom ewigen Leben (wie bei *Thomas*). Nicht ohne darin entscheidend von den sog. »religiösen Sozialisten« beeinflußt zu sein, sieht Barth das auf die Menschheit zukommende und sie ergreifende Reich Gottes nicht als vergeistigten und naturlosen Himmel, sondern als »die neue Welt«[84]. Wie der Schluß unserer Perikope zeigt, will Jesus seinen Jüngern Anteil geben an der durch Gottes Herrschaft neu werdenden alten Welt. Hier geht es durchaus um die Neugestaltung der materiellen Verhältnisse, um die Heilung der Geschichte, nicht um die Erlösung *von* der Geschichte: »Er verheißt uns, daß wir frei und überlegen werden sollen gegenüber den Nöten und Versuchungen dieser Erde und daß sie uns doch zugleich ein schönes und liebes Vaterland werden soll«[85]. Noch einmal wundert man sich, wenn Barth mit ungebrochen bürgerlichem Fortschrittsglauben »vom Reich der Wahrheit und Gerechtigkeit« predigt, »das langsam wachsend kommt von Jahrtausend zu Jahrtausend«[86], aber eigentlich war dies weniger erstaunlich, als das was Barth als das Erstaunlichste des Evangeliums in seiner kirchlichen Dogmatik erzählte. Denn in diesem ebenso umfangreichen wie unabgeschlossenen und sachlich unabschließbaren Buch von der Geschichte Gottes mit den Menschen fehlt die ausdrückliche »Eschatologie« (die Lehre vom kommenden Reiche Gottes), weil sie überall durchgeführt wird: Das Evangelium redet von der Zukunft unserer Erde. Um dieser Zukunft willen befreit uns der Ruf Jesu vom »Mein und Dein«. Aber eben: der Ruf *Jesu*. Er kommt in der Auslegung der Kirchlichen Dogmatik als der »Freund und Helfer« nun selber in den Mittelpunkt zu stehen. An ihm entscheidet sich – gerade auch für unser ethisches Fragen nach Arm und Reich – schlechthin alles.

## 3. Gottes Wahl: unsere Befreiung

Der zweite Halbband von Band II der Kirchlichen Dogmatik, dem die folgende Auslegung entnommen ist, wurde im 2. Weltkrieg (von 1939–1942) geschrieben: »Für meine nächstliegende und wichtigste Pflicht hielt ich die: an meinem Teil dafür zu sorgen, daß wenigstens an einer Stelle inmitten des irrsinnig gewordenen Europas [. . .] ordentlich und ›als wäre nichts geschehen‹ Theologie getrieben werde.«[87] Nicht irgendeine Theologie, die sich von der Geschichte dispensiert (und sich dafür ausgerechnet auf Barth meint berufen zu können), sondern die Theologie, die Gottes konkrete Geschichte auf die Wirklichkeit des menschlichen Handelns bezieht. Wie er seine Gemeinde 1914 durch den Weltkrieg vor die Frage nach dem ewigen Leben und dem rechten Handeln gestellt sah, so stellte ihm jetzt die Bibel angesichts der Erschütterung des 2. Weltkriegs theologisch noch viel dringlicher die Frage nach dem ewigen Leben und dem notwendigen Tun:

»Der Mensch ist vor Gott gerecht und heilig und auf dem Wege zum ewigen Leben in dem Maße, als er *von* Gottes Gnade und eben damit *für* Gottes Gnade, für deren Verherrlichung in seiner geschöpflichen Existenz lebt, während Sünde offenbar nichts anderes sein kann als die Preisgabe dieser Gerechtigkeit und Heiligkeit, die Abweichung von diesem Weg, der zum ewigen Leben der offene, aber auch der einzige Weg ist. Die Gnade Gottes ist aber die Existenz Jesu Christi und seines Volkes.

*Was sollen wir tun?* Wir sollen das tun, was dieser Gnade entspricht. Wir sollen Antwort geben auf die Existenz Jesu Christi und seines Volkes. Wir sollen mit unserem Tun Rechenschaft ablegen dieser Gnade gegenüber. Durch sie und durch sie allein sind wir gefordert. Ihr und ihr allein sind wir verantwortlich.«[88]

Die bürgerliche Aufklärung Europas hatte ihre Hoffnung in die Ethik der Freiheit gesetzt, in die allgemeine Anerkennung der Gesetze der Freiheit durch die zum Selbstbewußtsein erwachten und mündig gewordenen Bürger. »Gott« konnte von solcher Hoffnung höchstens noch als der Grund des unbedingten Anspruchs der Freiheit wahrgenommen werden, das Evangelium nur noch als ein Ausdruck der menschlichen Freiheitsgeschichte selbst. Obwohl es zuviel gesagt wäre, daß Barth das Verhältnis von Freiheit und Gott *wegen* der Brüchigkeit der realen Freiheitsgeschichte, die sich in den Weltkriegen zeigte, nun entschlossen umkehrte, so ist doch zumindest zu sagen, daß er die Freiheit *angesichts* dieses Irrsinns im neuen Hören auf die biblische Botschaft ohne Vorbehalt von Gottes Handeln her bestimmte. Und deshalb findet sich Barths Grundlegung der Ethik, innerhalb derer unser Text steht, am Ende der großen Gotteslehre, also am Schluß der Gotteslehre der ersten vier Teilbände der Kirchlichen Dogmatik: die Perikope vom reichen Jüngling zeigt, wie Gott dem Menschen zu der ihm eigenen Freiheit verhilft, diese heilend ergreift und zu ewigem Leben bestimmt. In ihrer Auslegung wird die Gnadenlosigkeit der europäischen Moralbegründung überwunden durch die Begründung der Freiheit aus Gnade allein.
Daß die Antwort auf die Frage, was wir tun sollen, in Gottes eigener Gnade liegt, bedeutet im näheren Zusammenhang der Kirchlichen Dogmatik ein vierfaches. Es heißt erstens (KD II/1,1–287), daß wir Gottes Willen wie Gottes Sein nicht unabhängig von der Beziehung erkennen,in der Gott sich uns selbst zu erkennen gibt. Gott kann nur erkannt werden, indem sein Wille uns gegenüber anerkannt wird:

»Gott gibt sich zu erkennen in seinem auf uns gerichteten Willen – Gott wird von uns erkannt, indem wir diesem seinem Willen fügsam werden – dieser

Kreislauf entspricht offenbar genau auch dem, was im Alten und Neuen Testament Gotteserkenntnis heißt. Die Begegnungen zwischen Gott und Mensch bedeuten einzeln und in ihrer Gesamtheit das Geschehen einer Geschichte [...], einer Geschichte, die mit einer Willensentscheidung Gottes anfängt und in einer entsprechenden Willensentscheidung des Menschen ihren Fortgang nimmt. Erkenntnis Gottes heißt Erkenntnis des *Weges* oder der *Wege* Gottes [...] Aber wiederum, wie sollten sie anders erkannt werden, als indem der Mensch seinerseits solche Wege geht [...]?«[88]

Insofern der reiche Jüngling nach Gottes Wegen fragt, fragt er recht nach Gott. Doch zeigt die Perikope in bestürzender Weise, daß sich in der Begegnung mit Jesus Christus Gott nicht unabhängig von seinem barmherzigen, treuen und fordernden Willen zu erkennen gibt. Vor Gott gibt es keinen Zuschauerstandpunkt. Der Grund, daß wir Gott nicht unabhängig von seinem Willen erkennen können, liegt – zweitens – nicht in der Ohnmacht der menschlichen Vernunft, sondern in Gottes eigener Wirklichkeit, wie sie die Schrift offenbart (KD II/1,288–664). Nach ihr zeigt sich Gottes »Sein in der Tat«[89]: Indem Gott sein Volk in Freiheit liebt, offenbart er sich selbst als der in Freiheit Liebende. Gott verhält sich nicht nur »gnädig« zu dem Menschen und er schafft nicht nur in ihnen jene Gnade, die sie zu ihm hin öffnet (wie die katholische Glaubenslehre der Neuzeit sehr verkürzt und blind für das biblische Recht der reformatorischen Rede vom gnädigen Gott meinte[90]): Gott ist vielmehr selber die Gnade. In strenger Durcharbeitung der Schrift wird hier jede verdinglichende Vorstellung der Gnade als einer besonderen Kraft oder Eigenschaft Gottes gesprengt. In der Lehre von Gottes Vollkommenheiten, in der alle einzelnen Momente der Auslegung der Perikope vom reichen Jüngling breit und auch leuchtend wie kaum in einer andern Passage der Kirchlichen Dogmatik entfaltet sind (KD II/1,362–764), in dieser reformierten Lehre von Gottes Eigenschaften zeigt sich die Gnade Gottes als das innere Sein und Sichverhalten Gottes selbst, als seine wahrhafte Personalität, wie sie sich in der Geschichte Jesu Christi darstellt. Hier, in der einmaligen Art der Liebe Gottes liegt der tiefste Grund dafür, daß

Gottes Gesetz und sein Evangelium nicht getrennt werden können:

»Gottes Lieben ist darin das göttliche, von allem anderen Lieben verschiedene Tun und Sein, daß es *gerecht* ist. Die Gerechtigkeit Gottes ist, davon haben wir von Anfang an auszugehen, eine Bestimmung der Liebe und also der Gnade und also der Barmherzigkeit Gottes«[91]. »Gottes Gerechtigkeit, die Treue, in der er sich selber treu ist, offenbart sich als Hilfe und Erlösung, als rettendes göttliches Eintreten für die Menschen an den Armen, Elenden, Hilflosen als solchen und nur an ihnen, während er mit den Reichen, Fetten und Sicheren als solchen seinem Wesen nach nichts zu tun haben kann.«[92]

Daß die Antwort auf die Frage, was wir tun sollen, letztlich nur in Gottes eigenem Handeln, dem Handeln des in Freiheit Liebenden, zu finden ist, das erklärt drittens, warum Barth die Ethik durch die Erwählungslehre begründet: durch die für die christliche Tradition seit Augustinus verdunkelte Lehre von der Prädestination (KD II/2,1–563). In dieses Dunkel hat Barth – im beständigen Blick auf Christus als dem Mensch gewordenen Willen Gottes – das Licht des Evangeliums gebracht: Das biblische Zeugnis von Gottes Erwählung und Verwerfung wird gerade für die unter der Last ihrer Schuld zerbrechenden Menschen zum Erfreulichsten, was es gibt, weil der in Freiheit Liebende die Menschen zur Seligkeit des Lebens bestimmt, den Fluch der von ihm verworfenen Ungerechtigkeit aber in der Dahingabe seines Lebens bis zum Tod am Kreuz auf sich selber genommen hat. Der Glaube an den gekreuzigten Erlöser verwandelt die Angst vor Gottes Zorn in Dankbarkeit gegenüber seiner stellvertretenden Hingabe. Wenn wir aus dieser doppelten Erwählung leben, aus unserer ewigen Bestimmung zu jener Freiheit, die in Jesus von Nazaret offenbar geworden ist als die Befreiung vom Fluch unserer Ungerechtigkeit, dann wissen wir, was wir tun sollen, weil wir es tun dürfen. Wir dürfen in Jesus Christus leben – und wissen deshalb, was wir tun müssen. Der Bund, den Gott in ihm mit der Menschheit geknüpft hat, hat deshalb auch die Form des Gesetzes. Was zu tun ist, um ins Leben einzugehen, erfährt der reiche Jüngling, weil er vor Jesus Christus steht. Genau dahin führt Barths Auslegung den Leser vom ersten bis zum letzten Satz.

Aus der Gotteslehre folgt die rechte Ethik – und nicht umgekehrt (KD II/2,654–875). Dieses vierte Moment im Verhältnis von Gnade und Gesetz soll nach Barth gerade verhindern, daß die christliche Ethik zur isolierten Sonderethik für den Raum der Kirche wird. Da Gott in der freien Wahl, die seiner Liebe entspricht, die Menschen dazu geschaffen hat, seinem Bilde gleichgestaltet zu werden, hat er sie nicht nur als *ihm widersprechende* Geschöpfe, sondern als seine Geschöpfe überhaupt »in Jesus Christus aufgenommen und hineingenommen«[93]. Er hat sie von vornherein zu freien, also ethischen Geschöpfen bestimmt. Die Universalität des ethischen Anspruchs entspricht der Universalität von Gottes Wahl, die freilich in Jesus Christus nicht nur offenbar, sondern auch vollzogen wird. Die Grundlegung der Ethik steht *deshalb* vor der Schöpfungs- und vor der Versöhnungslehre, weil der Mensch gerade als ethisches Wesen Gottes Sein entspricht; faktisch aber widerspricht er ihm gerade in der bürgerlichen Verfassung seiner Religiosität und seines Ethos am schärfsten. Deshalb kann sich die theologische Ethik sowenig von den allgemeinen Problemen der humanen Ethik davonstehlen, wie sie sich andererseits auch nur eminent kritisch auf sie beziehen kann. Die »Humanität Jesu Christi«[94] tritt in guten Widerspruch zur ethischen Humanität, die gnadenlos dem Menschen aufgibt, aus sich selbst befreit zu werden. Hier liegt der Grund, warum das Evangelium vom Ruf in die Armut zur Nachfolge Jesu Christi nicht nur eine erbauliche Geschichte erzählt, sondern in seiner Konkretheit jede Freiheit anspricht. Wenn gut ist, was der Gnade entspricht, und Sünde, was sie verweigert, dann wird das rechte ethische Handeln zum »Lobpreis der Gnade Jesu Christi«[94].

## 4. Eine Theologie der Befreiung?

Im Blick auf die Tradition wirkt Barths Text souverän. Aber ist er auch hilfreich für die Not der Gegenwart? Nicht nur die Theologie der Befreiung[96], aber sie besonders klar, nimmt in der

Situation der wachsenden Verelendung, die nicht ohne Zusammenhang mit dem wachsenden Reichtum der Industrienationen zu begreifen ist, die Herausforderung, die das Evangelium für die Reichen bedeutet, in neuer Schärfe wahr. Barths Text gibt sicher vielschichtige Lesemöglichkeiten frei, aber die Frage der realen Befreiung der Reichen von ihrem unterdrückerischen Sein und der Armen von den sie unterdrückenden Existenzbedingungen stellt sich besonders dringlich, wenn denn das Evangelium zu einem Handeln befreien soll, »das dem Nächsten gerecht wird«[97]. Gerade weil Barths Text angesichts der traditionellen Probleme so überaus souverän wirkt, ist ihm gegenüber die bedrängendste Frage der gegenwärtigen Not im Verhältnis von Reich und Arm deutlich zu stellen. Karl Barth war sich bewußt, daß in seiner Theologie die Ökonomie noch keine zureichende Berücksichtigung gefunden hatte, wobei hinzukommt, daß die Theorien über die internationalen Abhängigkeiten auf dem Weltmarkt und ihre sozialpolitischen Folgen erst nach seinem Tode (1968) in breiteren Kreisen bekannt und für den Wirklichkeitsbezug der Theologie der Befreiung entscheidend wurden. Trotzdem läßt Barths Text die Frage nach der Bedeutung unserer Perikope für die im kirchlichen Handeln der Gegenwart umstrittene Frage nach der Notwendigkeit und dem Ziel einer Theologie der Befreiung präzisieren.

Barth vermeidet – erstens – jede Spiritualisierung von Armut und Reichtum. Der befreiende Ruf in die Nachfolge geht an den realen Besitz und fordert reale Armut – und zwar nicht nur von jenen, die über die Erfüllung der Gerechtigkeit hinaus auch noch einem ganz besonderen Weg der Vollkommenheit folgen wollen. Der Ruf in die Armut geht an alle Reichen, die durch das Evangelium vor Christus zu stehen kommen. In Barths Auslegung wird das Problem von Armut und Reichtum zu einem mehr als ökonomischen Problem: In ihm wird über die Frage nach unserm Verhältnis zu den Götzen und dem einzigen Gott entschieden. Der zu unserer Befreiung selber arm gewordene Herr der Schöpfung löst uns aus der eigenen Versklavung unter die so mühsam hergestellten Götzen des Besitzes: »Dieser Gott erträgt es nicht, ein Herr neben anderen Herren zu sein«[98]. So wird die reiche Kirche gefragt, ob sie nicht anderen Herren dient, wenn sie trotz ihrer Lehre nicht zur realen Armut kommt und ob sie nicht gerade ihren wahren Herrn, den arm gewordenen Gott vergötzt, wenn sie noch mit ihm das System der Produktion unseres Reichtums zu rechtfertigen sucht: »Im Bunde mit ihm kann man nur ganz oder gar nicht leben«[99].

Die Frage verschärft sich – zweitens – durch Barths Bestimmung des Verhältnisses von Evangelium und Gesetz. Wenn das rechte Handeln die selbstverständliche Konsequenz der Anerkennung von Gottes eigenem Handeln in Jesus Christus wird, dann können die Kriterien für das rechte politische und soziale Handeln letztlich nicht mehr aus den Gesetzen des politischen und sozialen Handelns selbst gewonnen werden. Aber das Evangelium wird dadurch auch nicht zu einem politischen oder sozialen Gesetz. Vielmehr kann es der »Selbstgesetzlichkeit« der öffentlichen Bereiche nur bezeugt werden. Deshalb hält Barth daran fest, daß die christlichen Gemeinden – wie die Jünger – nicht zuerst die Welt zu verbessern, sondern ihr zuerst das Evangelium zu bezeugen haben, allerdings nicht in verbaler sondern realer Nachfolge. Weil es dabei nicht zuerst um die Orthopraxie geht, sondern um das Zeugnis des Glaubens, kann es auch in der kirchlichen Befreiungsspraxis nicht um die Veränderung der Verhältnisse an sich gehen, sondern darum, des »Befreiers Zeuge«[100] zu sein. Dieses Zeugnis ermöglicht die zeichenhafte Veränderung der Verhältnisse. So wird die Theologie der Befreiung ebenso nach dem Zeugnischarakter ihrer Praxis, wie der Glaube der reichen Kirche nach der Praxis ihres Zeugnisses gefragt.

Wie die Jünger, so bleibt auch der ethische Mensch, der nicht zur Nachfolge kommt, im Bereich von Gottes Verheißung. Die Herrschaft Christi umfaßt nach Barths Auslegung – drittens – auch den Bereich des menschlichen Handelns, der sich Gottes Gebot entzieht. Denn Gottes Gesetz, welches Gottes Gnade zu seinem Inhalt hat, wurde in der Menschwerdung von Gottes eigener Gnade gegenüber allen Mächten dieser Weltzeit siegreich aufgerichtet. Aber Gottes Herrschaft, aus deren Anerkennung die Kirche lebt, bleibt von der Verheißung seiner Herrschaft über die Mächte dieser Weltzeit zu *unterscheiden,* weil Gottes Reich in der ihm eigenen Gnade ihren Ursprung hat: Es bleibt *das* Reich der Freiheit, in dem der in Freiheit liebende Herr der Schöpfung die *freie* Anerkennung seiner Geschöpfe sucht. Niemals nutzt Barth das Scheitern der menschlichen Kämpfe um die Gerechtigkeit – seien es staatliche oder revolutionäre –, um an der Not der Welt die Macht der Gnade zu demonstrieren (Apologetik). Er lehrt allein auf Christus zu schauen, der als Gottes verkörperte Barmherzigkeit gerade demjenigen seine Barmherzigkeit verheißt, der sich ihr entzieht. Christus bleibt hilfreich auch gerade dort, wo seine Hilfe verworfen wird. Die politische Beanspruchung der Herrschaft Jesu Christi, die nicht ein Zeugnis seines Handelns bleibt, wird dagegen zu einer weiteren Herrschaft von Menschen über Menschen.

An Ethik herrscht schließlich kein Mangel. Aber der Mangel im Kampf um die Gerechtigkeit liegt auch nicht in der Ethik, sondern in der Unfähigkeit des Menschen zur Anerkennung von Gottes gerechtem Handeln selbst. Der Mangel liegt nicht im Tun-Wollen, sondern im Tun-Können. Es ist also – viertens – wahr, daß der Mensch seine wahre Befreiung nicht zu schaffen vermag, aber er braucht es auch nicht zu tun, weil Gott dieses Werk für ihn selbst getan hat. So sieht Barth den »Drehpunkt des ganzen Zusammenhangs« in Jesu Wort, nach welchem das, was dem Menschen unmöglich, bei Gott möglich ist[101]. In der konkreten Bestimmung unserer Freiheit durch Gottes eigene Barmherzigkeit wird es möglich, das zu können, was wir ethisch vergeblich wollen. Die Lösung der konkreten Probleme der Gerechtigkeit kann deshalb ohne Glauben, d. h. ohne die vollständige Bestimmung der menschlichen Freiheit durch Gottes Barmherzigkeit nicht gefunden werden. Deshalb ist der Akzent nicht nur auf die Arbeit der Theologie der *Befreiung* zu legen, sondern auch auf die Arbeit der *Theologie* der Befreiung[102].

Zuletzt bleiben beide unter dem Gericht und unter der Verheißung: die Jünger und der Jüngling. Sie sind nicht nur durch ihr eigenes Unvermögen gleich vor Gott, sondern auch durch ihre gemeinsame Berufung. Es ist das Beste an Karl Barths Auslegung, daß sie nicht nur die Jünger unter die strahlende Verheißung stellt, sonden auch den reichen Mann, der seinen Weg noch nicht gefunden hat: Diese Verheißung ist beider Gericht.

# Anmerkungen

[1] *E. Bloch,* Das Prinzip Hoffnung, Gesamtausgabe Bd. 5, Frankfurt a. M. 1977, 1487.

[2] Vgl. *H. Frankemölle,* Evangelium als theologischer Begriff und sein Bezug zur literarischen Gattung ›Evangelium‹, in: *H. Temporini, W. Haase,* Aufstieg und Niedergang der römischen Welt. Geschichte und Kultur Roms im Spiegel der neueren Forschung. Bd. II, 25 (2. Teilband), Berlin, New York 1984, 1635–1694, 1700–1704.

[3] Fragment 233 (Edition *L. Brunschvicg)* der Pensées von *Blaise Pascal* wird gewöhnlich die »Wette« genannt, obwohl sie nur als Vergewisserung der Glaubensentscheidung zum Tragen kommt; dies bleibt gegen *L. Goldmanns* Interpretation festzuhalten: Der verborgene Gott, Studie über die tragische Weltanschauung in den Pensées Pascals und im Theater Racines, Neuwied/ Darmstadt 1973, 423–452.

[4] A.a.O. (Anm. 1).

[5] Vgl. bes. *M. Hengel,* Eigentum und Reichtum in der frühen Kirche. Aspekte einer frühchristlichen Sozialgeschichte, Stuttgart 1973; *L. Schottroff, W. Stegemann,* Jesus von Nazareth, Hoffnung der Armen; *W. Stegemann,* Das Evangelium und die Armen. Über den Ursprung der Theologie der Armen im Neuen Testament, München 1981; *M. Wacht,* Gütergemeinschaft, in: RAC 13 (1984) 1–59; *A. von Jüchen,* Jesus zwischen Reich und Arm. Mammonworte und Mammongeschichten im Neuen Testament, Stuttgart 1985; *R. Kampling,* »Haben wir dann nicht aus der Erde einen Himmel gemacht?« Arm und Reich in der alten Kirche, in: Concilium 22 (1986) Herbst.

[6] Vgl. *A. von Jüchen,* Jesus zwischen Reich und Arm, a.a.O., 67–73.

[7] Vgl. *O. Schilling,* Reichtum und Eigentum in der altkirchlichen Literatur, Freiburg i. Br. 1908, 41.

[8] *Strabon,* Geographica, 17, 798.

[9] Vgl. *H. Gülzow,* Soziale Gegebenheiten der altkirchlichen Mission, in: *H. Frohnes* (Hrsg.), Kirchengeschichte als Missionsgeschichte. Bd. I, Die Alte Kirche, München 1979, 189–226, 213.

[10] Tis ho sozomenos plousios, in: PG, t.IX, 603–651; verb. Text in: *L. Früchtel* (Hrsg.), Die griechischen Schriftsteller der ersten Jahrhunderte. Bd. 17, Berlin 1970, 157–191; dt. Übersetzung (der hier nicht gefolgt wird) *O. Stählin,* Klemens von Alexandrien, Welcher Reiche wird gerettet werden? München 1983.

[11] *U. Farner,* Christentum und Eigentum bei Thomas von Aquin. Bern 1947, 54.

[12] *W. D. Hauschild,* Christentum – Eigentum. Zum Problem eines altkirchli-

chen ›Sozialismus‹, in: Zeitschrift für evangelische Ethik 16 (1972) 34–49, 36f.

13 *O. Schilling,* Reichtum und Eigentum in der altkirchlichen Literatur, Freiburg i. Br. 1908, 43, 46.

14 A.a.O., 46.

15 *E. Troeltsch,* Die Soziallehren der christlichen Kirchen und Gruppen, Aalen (Repr. d. Ausg. 1922) 1965, 113.

16 PG, IX, 610 (Wacht 5,1).

17 A.a.O., 618 (Wacht 14,1–6).

18 A.a.O., 615 (Wacht 12,1).

19 A.a.O., 611 (Wacht 8,1).

20 A.a.O., 614 (Wacht 10,3).

21 A.a.O., 627 (Wacht 23,4).

22 Zur gnostischen Christologie des Klemens vgl. *S. R. C. Lilla,* Clement of Alexandria, Oxford 1971, 142–189.

23 PG, IX, 615 (Wacht 11,3).

24 A.a.O., (Wacht 14,5).

25 A.a.O., 634 (Wacht 29,2).

26 A.a.O., 638 (Wacht 32,2).

27 *F. Schleiermacher,* Predigten. Literarischer Nachlaß. 2. Teil, 2. Bd., Berlin 1835, 74–98, 85.

28 A.a.O.

29 *F. Schleiermacher,* Predigten. Bd. 3, Berlin 1843, 647–660, 650.

30 *G. Theißen,* Soziologie der Jesusbewegung: ein Beitrag zur Entstehungsgeschichte des Urchristentums, München 1977.

31 A.a.O., 10.

32 A.a.O., 14.

33 A.a.O., 18f.

34 A.a.O., 23.

35 A.a.O.

36 *M. Hengel,* Nachfolge und Charisma. Eine exegetisch-religionsgeschichtliche Studie zu Mt 8,21f. und Jesu Ruf in die Nachfolge, Berlin 1968, 68f., 80f.

37 A.a.O., 80.

38 Zur Biographie vgl. *M. D. Chenu,* Thomas von Aquin in Selbstzeugnissen und Bilddokumenten, Hamburg 1960; *W. P. Eckart,* Das Leben des hl. Thomas von Aquin erzählt von Wilhelm von Tocco und andere Zeugnisse zu seinem Leben, Düsseldorf 1965; *J. A. Weisheipl,* Thomas von Aquin. Sein Leben und seine Theologie, Graz 1980.

39 Vgl. *E. Werner,* Pauperes Christi. Studien zu sozialreligiösen Bewegungen im Zeitalter des Reformpapsttums. Leipzig 1956; *M. Mollat,* Die Armen im Mittelalter, München 1984.

40 Vgl. *A. Borst,* Lebensformen im Mittelalter, Frankfurt a. M., 1973,

103–106; *M. Mollat,* a.a.O., 96–106, *Franziskus* verdient für den Zusammenhang mit unserer Perikope auch im Blick auf die Theologie der Befreiung (vgl. dazu z. B. *L. Boff,* Zärtlichkeit und Kraft. Franz von Assisi mit den Augen der Armen gesehen, Düsseldorf ³1985) eine eingehende Untersuchung, die hier nicht vorweggenommen werden kann.
Zur tiefen Ambivalenz der Armut bei *Bernhard von Clairvaux,* vgl. *P. Eicher,* Gottesfurcht und Menschenverachtung: Zur Kulturgeschichte der Demut, in: *H. von Stietencron,* Angst und Gewalt. Ihre Präsenz und ihre Bewältigung in den Religionen, Düsseldorf 1979, 111–136.

41 *M. Mollat,* a.a.O., 109f.

42 *S. Thomae Aquinatis* super Evangelium Matthei lectura, Rom (Marietti) 1951, im folg. zit.: Mat. (nach den Nummern).

43 *S. Thomae Aquinatis* catena aurea in quattuor evangelia. 2 Bde., Rom 1953.

44 Vgl. bes. Summa theologiae (zit: ST) II–II, q.184–186, art. 4 und die zwei polemischen Schriften: Contra impugnantes Dei cultum et religionem (1256), Rom (Leonina, Bd. 41 A) 1970; De perfectione spirituali vitae (1269f.), Rom (Leonina, Bd. 41 B) 1969.

45 Vgl. Mat., 1579.

46 A.a.O., 1593; vgl. ST II–II, q.184, a.1.

47 Vgl. Mat., 1583.

48 Vgl. a.a.O., 1579–1618.

49 A.a.O., 1587.

50 ST II–II, q.189, a.1.

51 A.a.O., a.2.

52 ST II–II, q.186, a.3.

53 A.a.O., ad 4.

54 A.a.O., q.188, a.7.

55 Vgl. a.a.O., q.19, a.12.

56 Postilla super Isaiam (Ed. Parma), 48.

57 Mat., 1595.

58 Vgl. ST II–II, q.185, a.6f.

59 Vgl. a.a.O., q.184, a.3; *M. Luther,* Matth. 18–24 in Predigten ausgelegt. Das Neunzehnd Capittel (1537–1540), in: WA 47, 311–364, 338–357.

60 Vgl. St II–II, q.185, a.1, ad 1.

61 Vgl. Mat., 1583, 1598, 1608.

62 A.a.O., 1583.

63 ST I–II, q.97, a.2, ad 4.

64 A.a.O., q.100, a.10, ad 3.

65 Vgl. *O. H. Pesch,* Evangelium-Gesetz, in: Neues Handbuch theologischer Grundbegriffe, hrsg. von *P. Eicher,* Bd. 1, München 1984, 317–332, 326.

66 Nach Jer 31–34; vgl. ST I–II, q.106, a.1.

[67] *K. Barth,* Die Kirchliche Dogmatik (zit: KD) II/2, Zürich $^{4}$1959, 687.

[68] Vgl. *P. Eicher, M. Weinrich,* Der gute Widerspruch. Das theologische Zeugnis Karl Barths, Düsseldorf/Neukirchen–Vluyn 1986.

[69] Catena aurea, a.a.O., Bd. I (zu Mk 10,19–26) 510.

[70] Summa contra qentiles (zit.: CG) IV, c.55 ad 12.

[71] Contra retrahentium a religione, Turin, Rom 1954, c.15.

[72] Zu letzterem vgl. ST III, q.40.

[73] Vgl. *H. U. von Balthasar,* Karl Barth. Darstellung und Deutung seiner Theologie, Köln/Olten 1951; *H. Küng,* Rechtfertigung. Die Lehre Karl Barths und eine katholische Besinnung, Einsiedeln 1964; *O. H. Pesch,* Die Theologie der Rechtfertigung bei Martin Luther und Thomas von Aquin, Mainz $^{2}$1985; *ders.,* Gnade, in: Neues Handbuch theologischer Grundbegriffe, a.a.O., Bd. 2, 109–122.

[74] Mat., 1605.

[75] Vgl. Mat. 1618.

[76] ST II–II, q.19, a.12.

[77] Vgl. *F. W. Marquardt,* Theologie und Sozialismus. Das Beispiel Karl Barths, München $^{3}$1985; *H. Gollwitzer,* Reich Gottes und Sozialismus bei Karl Barth, München 1972; *G. Husinger* (Hrsg.), Karl Barth and Radical Politics, Philadelphia 1976; zur notwendigen Differenzierung in der Frage nach der politischen Theologie Karl Barths vgl. *D. Schellong,* »Ein gefährlichster Augenblick«. Zur Lage der evangelischen Theologie am Anfang der Weimarer Zeit, in: *H. Cancik* (Hrsg.), Religion und Geistesgeschichte der Weimarer Republik. Düsseldorf 1982, 104–136; *ders.,* Jenseits von politischer und unpolitischer Theologie. Zum Ansatz der »Dialektischen Theologie«, in: *J. Taubes* (Hrsg.), Der Fürst dieser Welt. Carl Schmitt und die Folgen, München, Paderborn 1983, 292–316.

[78] Das wird gerade in dem Teil der Kirchlichen Dogmatik betont, dem unser Text entnommen ist: II/2, 807.

[79] *K. Barth,* Jesus Christus und die soziale Bewegung, in: Der freie Aargauer, 26. 12. 1911.

[80] *K. Barth,* Predigten 1914, Zürich 1974, 505–518, 506f.

[81] *E. Bloch,* Atheismus im Christentum. Zur Religion des Exodus und des Reichs, Frankfurt a. M. 1968, 74.

[82] Predigten 1914, a.a.O., 510.

[83] A.a.O., 515–517.

[84] *K. Barth,* Predigten 1913, Zürich 1976, 353–365, 361.

[85] A.a.O., 365.

[86] A.a.O., 364.

[87] *K. Barth,* Der Götze wackelt. Zeitkritische Aufsätze, Reden und Briefe von 1930–1960, Berlin 1961.

[88] KD II/1, 30.

[89] A.a.O., 288.

[90] Vgl. *O. H. Pesch,* Gnade, in: Neues Handbuch, a.a.O.
[91] KD II/1, 423.
[92] A.a.O., 435.
[93] KD II/2, 619.
[94] A.a.O., 601.
[95] A.a.O., 600.
[96] Vgl. Bd. 1 dieser Reihe »Evangelium konkret«, hrsg. von *P. Eicher:* Theologie der Befreiung im Gespräch. Leonardo Boff, Peter Eicher, Horst Goldstein, Gustavo Gutiérrez, Josef Sayer, München 1985.
[97] KD II/2, 689.
[98] A.a.O.
[99] A.a.O.
[100] Vgl. a.a.O., 690.
[101] A.a.O., 695.
[102] Vgl. die Weiterführung durch: *P. Eicher,* Gottes Wahl: unsere Freiheit. Karl Barths Beitrag zur Theologie der Befreiung, in: Einwürfe 3 (1986) 215–236.

*Hinweis:* Im folgenden Text Karl Barths verweisen die eckigen Klammern [. . .] und Sternanmerkungen * auf die durch den Herausgeber eingefügten Übersetzungen der fremdsprachigen Worte oder Zitate. Ebenfalls vom Herausgeber stammt die Untergliederung des Textes in I–V.

# Der reiche Jüngling

Karl Barth

## I

Die Geschichte beschreibt in großer Vollständigkeit die Form des göttlichen Anspruchs. Sie zeigt nämlich, daß die Forderung des in der Person Jesu aufgerichteten und lebendigen Gebotes Gottes auf die echte, die freudige, die fortgesetzte Entscheidung des Menschen für diese Person zielt und eben so und damit auf die Erfüllung des einen und ganzen Willen Gottes. Sie zeigt das negativ an der Gestalt des Reichen, der dieser Forderung nicht gewachsen ist und positiv an den Jüngern Jesu, die ihr gehorsam geworden sind.

Im Bereich der richterlichen Autorität und Macht im *regnum Jesu Christi,* gemessen in dem in ihm verkörperten, aufgerichteten und lebendigen Gebot Gottes befinden sich beide: der Reiche und die Jünger, der Ungehorsame und die Gehorsamen. Auch der Reiche, der Ungehorsame! Daß dem so ist, zeigt ja gerade er in besonders ostentativer Weise: *»Er lief hinzu und fiel vor ihm auf die Kniee«* (Mc. 10,17). Woher? wozu? in welcher Gesinnung und Absicht? Die Frage bleibt offen, aber er tut es. Er fügt sich damit in die Ordnung, die auch da Ordnung ist und bleibt, wo man ihr ungehorsam ist. Er stellt sich damit den Jüngern an die Seite. Er bezeugt damit, was das Gebot ist, das nicht nur für sie, sondern auch für ihn gilt. Er kann und wird dieses Zeugnis auch damit nicht rückgängig und unkräftig machen, daß er nachher (Mc. 10,22) hinweggeht. Aus dem Reich Christi kann niemand weggehen. Es umfaßt auch die Reiche des Ungehorsams und alle ihre Bewohner. »Er ging traurig hinweg«. Indem er trauert in seinem Ungehorsam, bezeugt er noch einmal, was das Gebot

Gottes ist, das auch für ihn gilt, bezeugt er noch einmal, daß auch er auch in seinem Ungehorsam im Reich Christi und nicht anderswo sich befindet. Aus einem Verein kann man austreten und entlassen werden, aber nimmermehr aus dem Reiche Christi, aus der Gemeinschaft, in der jene Ordnung aufgerichtet ist und gilt. Das bedeutet keine Milderung der Sünde und Schuld seines Ungehorsams. Im Gegenteil: das macht sie offenbar. Wiederum bezeichnet das offenbar die Hoffnung, die ihm auch in und mit seinem Ungehorsam nicht genommen ist. Er befindet sich auch als Ungehorsamer immer noch da, wo er ein anderes Mal gehorchen könnte, nachdem er es diesmal nicht getan hat. *»Guter Lehrer, was soll ich tun, damit ich ewiges Leben ererbe?«* so lautet nach Mc. 10,17 die Frage, die er an Jesus gerichtet hatte. Ihm war also gewiß, daß es dem Menschen nötig ist, über den unsicheren Besitz und Genuß des gegenwärtigen, zeitlichen und also vergehenden Lebens hinaus *ewiges,* in sich beständiges, im Gegensatz zu der im Tode sich offenbarenden Problematik dieses Lebens wirkliches *Leben* zu erlangen. Ihm war ferner gewiß, daß der Mensch, um dieses ewige Leben zu erlangen, in diesem jetzigen, vergänglichen Leben etwas Bestimmtes sein und tun muß. Wer wird das Erbe *erlangen,* wenn er nicht der Erbe *ist?* Was soll ich tun, um mich als solchen zu betätigen und zu bewähren? so lautet darum seine Frage. Und ihm war endlich gewiß, daß er mit dieser Frage gerade zu *Jesus* kommen mußte: er konnte sie also nicht selbst beantworten und er erwartete auch nicht, daß sie ihm von einem Anderen als von Jesus beantwortet werden könne. Das Alles bestätigt zunächst das Zeugnis, das er mit seinem Hinzulaufen zu Jesus, seinem Kniefall vor ihm, bereits abgelegt hatte. Mit dem Allem bestätigt er die Gültigkeit der Ordnung, unter der auch er sich befindet. In *Jesus* hat der Mensch jene Zukunft und also für die Gegenwart jene Aufgabe und *Jesus* ist der, der ihm über diese Aufgabe Bescheid zu geben hat, so gewiß als eben in *Jesus* der Bund zwischen Gott und Mensch geschlossen ist, der den Anfang aller Wege und Werke Gottes und also das objektive Gesetz bildet, unter dem die Existenz der ganzen Kreatur ihren Lauf nimmt. Welches aber wird das Verhältnis sein, in welches der zu Jesus tritt, über dem und für den das Alles, wie es nicht anders sein kann, objektiv gültig ist? Wird eben das, was über ihn und für ihn objektiv gültig ist, in diesem Verhältnis wahr oder nicht wahr, als Gehorsam oder als Ungehorsam realisiert werden? Wird er sich als ein solcher verhalten, dem das ewige Leben so nötig ist, daß er, um es zu erlangen, das Nötige, d. h. genau das tun wird, was Jesus ihm gebieten wird? Das ist die Frage des Gerichtes, der sich der Mann, indem er seine objektive Zugehörigkeit zum Reich Christi mit seiner Frage bezeugte, ausgesetzt hat.

Daß diese Frage jetzt brennend geworden ist, das wird in dem sichtbar, was ihm Jesus nach Mc. 10,18 zuerst geantwortet hat: *»Was heißest du mich gut? Niemand ist gut als der eine Gott.«* Die Erklärung *Calvins* (Komm. z. d. St. CR 45,537) dürfte richtig sein: *Tu me falso bonum vocas magistrum, nisi a Deo profectum agnoscis ... Iam quidem aliquo obediendi affectu imbutus erat, sed eum vult Christus altius conscendere, ut Deum loquentem audiat**. Wer nach seinem, Jesu, Urteil über sein Leben verlangt, der hat nichts Anderes, nicht weniger als *Gottes* Urteil herausgefordert. Ist der Mann sich dessen bewußt? ist er darauf gefaßt, dieses Urteil zu hören? Ist er dazu zu ihm gekommen? Ist er willig und bereit, nicht die Belehrung eines guten menschlichen Lehrers, sondern die des göttlichen Lehrers selber zu hören? Die Belehrung eines menschlichen Lehrers kann man – und wenn er der Beste wäre – hören, um nachher immer noch prüfen zu können und zu müssen, ob es sich so verhielte wie er sagt und um sich dann nach dieser Prüfung und also letztlich auf Grund seines eigenen Urteils (wenn auch angeregt und bereichert durch das des Lehrers) zu entschließen und zu handeln. So wird er es Jesus gegenüber nicht halten können. Jesus ist kein *solcher*

* »Wenn du nicht anerkennst, daß ich von Gott gekommen bin, nennst du mich zu unrecht einen guten Meister... Zwar war schon eine Empfindung für Gehorsam bei ihm vorhanden; aber Christus will ihn noch tiefer hineinführen, daß er Gott selbst reden höre« (Johannes Calvins Auslegung der Heiligen Schrift. Neue Reihe. Hrsg. *O. Weber.* 13. Bd. Die Evangelien-Harmonie. 2. Teil, Neukirchen–Vluyn 1974, 133).

»guter Lehrer«. Er wäre zwar zu dem Rechten, aber eben nicht recht zu diesem Rechten gekommen, wenn seine Frage nun doch nur so gemeint wäre, wie man sie auch an einen menschlichen Lehrer, vielleicht an den denkbar Besten von allen, richten kann. Das Wort, das er von ihm hören wird, wird das alles weitere Fragen abschließende, alle eigene Überprüfung ausschließende Wort sein und er wird damit stehen oder fallen, daß er ihm gehorsam oder ungehorsam sein wird. So, in dieser Weise, ist Jesus Christus Herr in seinem Reich, d. h. in dem ganzen Bereich des Menschen, mit dem Gott in ihm seinen Bund geschlossen hat. Wenn er ruft, dann ruft Gott und indem der Mensch ihm begegnet, ist er Gott begegnet: dem einen Gott, außer und neben dem es keinen anderen gibt. Und das ist darum die heimliche und je und je plötzlich offenbar werdende Entscheidungsfrage, die dem Menschen in diesem seinem Reiche gestellt ist: ob er ihm mit dem Gehorsam, den der eine Gott fordert und den er dem einen Gott schuldig ist, begegnen oder nicht begegnen wird. Daß diese Entscheidungsfrage für ihn offenbar geworden ist, das hat dieser Mensch eben damit bezeugt, daß er der objektiven Ordnung unter der er steht, die Ehre gegeben hat und mit seiner Frage zu Jesus gekommen ist. Wie wird es ihm ergehen, wie wird er dastehen in dem Lichte, in das er getreten ist und in welchem er jetzt tatsächlich steht?

Nach Matth. 19,16 hätte seine Frage etwas anders gelautet: *»Lehrer, was soll ich Gutes tun, damit ich das ewige Leben ererbe?«* Die vorausgestzte objektive Gewißheit des Fragenden hinsichtlich des Zieles, des Weges und des rechten Bescheides über diesen Weg ist offenbar dieselbe wie nach dem Markusbericht. Nur daß der Begriff des Guten hier statt mit dem angeredeten »Lehrer« mit dem des Tuns verbunden ist, über dessen rechte Gestalt er von diesem unterrichtet sein möchte. Dem entsprechend anders lautet nun auch die Antwort Jesu Matth. 19,17: *»Was fragst du mich nach dem Guten? Einer ist der Gute«*. Aber die Pointe der Antwort ist dieselbe: Wenn du mich nach dem Guten fragst, dann mußt du wissen, daß du nach dem fragst, was vor Gott gut ist: vor dem Einen, der der Gute ist; indem du mich nach dem Guten fragst, trittst du vor den Stuhl des Richters, gegen dessen Spruch es keinen Appell an einen Höheren gibt. Und indem ich dir auf diese Frage antworte, wird dir so geantwortet werden, daß du nach dem Guten, das du tun sollst, weder dich selbst noch Andere weiter fragen kannst. Willst du diesen Spruch hören? Bist du gefaßt und bereit dazu, das zu hören, was, nachdem es ausgesprochen und von dir gehört ist, die Unmöglichkeit jedes Vorbehaltes eigener Überprüfung und Entscheidung bedeutet? Weißt du, daß du mit dieser an mich gerichteten Frage nach dem Guten dieses Wort herausgefordert und damit im voraus über deine Gerechtigkeit oder Ungerechtigkeit vor Gott entschieden hast?

## II

Was nun zunächst folgt: der Hinweis auf *»die Gebote«* und die Antwort des Reichen, daß er sie alle gehalten habe von Jugend an, ist zugleich eine Vorbereitung und eine Verzögerung der Eröffnung dieses Wortes, die er nun – in dem Licht befindlich, in das er nun einmal getreten ist – unerbittlich über sich ergehen lassen muß. Eine *Vorbereitung,* sofern schon der Hinweis auf die Gebote diese Eröffnung faktisch vollzieht und sofern schon die Reaktion des Reichen auf diesen Hinweis der Beleg dafür ist, daß er tatsächlich im Ungehorsam steht, daß er also durch jenen Hinweis von Jesus und also von Gott verurteilt ist. Eine *Verzögerung,* sofern die Eröffnung dieses Wortes in jenem Hinweis und so auch der tatsächliche Ungehorsam des Reichen in seiner Reaktion darauf erst in verhüllter Gestalt Ereignis wird. Noch hat ihm ja Jesus mit diesem Hinweis scheinbar nichts Neues gesagt und noch sieht er seinerseits keinen Anlaß, auf Grund dieses Hinweises sich zu seinem Ungehorsam zu bekennen und wegzugehen, wie er es nachher getan hat. Noch ist das schon vollzogene Gottesurteil verborgen unter der Gestalt eines weitergehenden und scheinbar sogar zum Vorteil des Reichen weitergehenden Gespräches zwischen ihm und Jesus. Was sollte – nachdem er beteuert hat, daß er alles getan habe und tue, was Jesus ihm durch den Hinweis auf die Gebote als das in Frage stehende Tun beschrieben hat – hindern, daß ihm gesagt würde: Du wirst das ewige Leben erlangen: denn du bist auf dem rechten Wege dazu; du lebst ja wie Einer, der darauf Aussicht, Anspruch und Hoffnung hat, leben muß? Warum kann ihm das nicht gesagt werden? Warum ist das scheinbar so verheißungsvoll verlaufende Gespräch über die Gebote nun doch nur die Vorbereitung zu der Enthüllung des Gottesurteils, dessen Verkündigung sich der Reiche ausgesetzt hat und das heimlich jetzt schon – und gar sehr zu seinen Ungunsten – über ihn gesprochen ist?
Jesus hat nach Mc. 10,19 jene Warnung hinsichtlich des Richters, vor dem er steht, mit der Feststellung bekräftigt: *»Du kennst* die

Gebote« – du kennst also das Gesetz, nach dem der Richter, an den du appelliert hast, dich richten wird, je nachdem dein Tun ihm entsprechen oder nicht entsprechen wird. Nach Matth. 19,17 lautet dieser Teil der Antwort Jesu: »Wenn du ins Leben eingehen willst, *so halte* die Gebote!« Die Pointe ist wieder hier wie dort dieselbe: indem der Mann es nach dem Vorangehenden mit Gott zu tun hat, braucht er nur daran erinnert zu werden, was Gott – der Gott Israels, der Gott der Gnade und der Barmherzigkeit – in dessen Bereich sich zu befinden er selbst mit seiner Frage bezeugt hat, von ihm haben will. Er tue, was dieser Gott laut seiner Gebote von ihm haben will! Indem er es tut und indem er unterläßt, was ihm durch sie verboten ist, befindet er sich auf dem Wege zum Leben, dem ewigen Leben. Der Hinweis bestätigt also zunächst das Doppelte: Der Fragende befindet sich in der Hörweite des Gebotes Gottes, indem er zu Jesus kommt mit seiner Frage hat er in Wirklichkeit schon gehört, wonach er fragt. Und eben diese Hörweite des Gebotes Gottes ist der Autoritäts- und Machtbereich dessen, den er fragt. Der Gefragte und der dem Fragenden wohlbekannte eine Gott sind nicht Zwei, sondern Einer. Er kann also, indem er dem Fragenden Antwort gibt, grundsätzlich und in der Sache nur wiederholen, was er ihm schon gesagt hat. Eben das tut er, indem er ihn auf die Gebote verweist. Er hat ihm schon gesagt, was er tun soll, um das ewige Leben zu ererben. Der Fragende weiß also sehr wohl, wie das Leben eines solchen gestaltet ist, der diese Aussicht, diesen Anspruch, diese Hoffnung hat. Er hat sich noch bevor er zu Jesus Christus gekommen ist, nicht umsonst in dessen Reich befunden.

Die Matth. 19,18 erwähnte Zwischenfrage des Reichen: *»Welche (Gebote?)«* macht darauf aufmerksam, daß das Gebot Gottes eine in sich gegliederte Größe ist, daß es eine Außen- und Innenseite, eine μορφή [Gestalt] und ein τέλος [Ziel] (Röm. 10,4) des Gesetzes gibt und daß in den verschiedenen Geboten, d. h. in den verschiedenen Proklamationen des einen Gebotes Gottes je das Eine oder das Andere mehr oder weniger sichtbar oder auch verborgen ist. Es ist nicht der Dekalog in seiner Gesamtheit, es ist aber hier auch nicht das das ganze Gesetz zusammenfassende Doppelgebot der Liebe zu Gott und dem Nächsten (Mc. 12,29f.), das Jesus zur Sprache bringt, wenn er den Reichen auf »die Gebote« verweist. Was Mc. 10,19 aufgezählt wird, sind vielmehr, etwas umgestellt, reduziert und erweitert die Gebote der sog. »zweiten Tafel«: Nicht ehebrechen! Nicht töten! Nicht stehlen! Nicht falsches Zeugnis geben! Nicht rauben! Vater und Mutter ehren! Und Matth. 19,19 ist aus Lev. 19,18 hinzugefügt: »Liebe deinen Nächsten, wie dich selbst!« Die Auswahl und Zusammenstellung ist deutlich: Dem Reichen wird das ihm bekannte Gebot Gottes nach seiner äußeren Seite, nach der Seite vorgehalten, auf die gesehen es ein konkretes Tun und Lassen fordert. Nicht daß es nicht auch in diesen Gestalten das Gebot Gott über Alles zu lieben und zu fürchten, das Verbot, sich Bilder von ihm zu machen und ihn in solchen anzubeten, das Gebot, seinen Namen und seinen Sabbat heilig zu halten, in sich schlösse: genau so, wie ja auch die Gebote der »ersten Tafel« die konkreten Gestalten des Gottes der »zweiten« nicht aus-, sondern einschließen. Man kann im Sinn des Neuen Testamentes weder den Nächsten lieben ohne zuvor Gott zu lieben, noch Gott ohne dann auch den Nächsten zu lieben. Man kann und muß wohl sagen, daß sich auch in dieser Einheit des Gebotes Gottes das Geheimnis der Person Jesu Christi spiegelt: die Einheit des ewigen Wortes mit unserem Fleisch, des Sohnes Gottes mit dem David- und Mariensohn. Und nun bildet immer die Echtheit, in der das Gebot nach der *einen* Seite gehört und gehalten wird, die Probe darauf, ob dies auch nach der *anderen* und also im *Ganzen* geschieht. Um eine solche Probe geht es in unserem Text. Wie der Mann zu Gott steht, ob er Gott über alle Dinge liebt und fürchtet, daran entscheidet es sich – daran hat es sich schon entschieden – ob er auf dem Weg zum ewigen Leben ist oder nicht ist. Wird er – das ist die konkrete Gestalt der Probe, der er sich selber ausgesetzt hat – in der Stimme des menschlichen Lehrers Jesus von Nazareth die Stimme des einen Gottes vernehmen und ihr dementsprechend gehorsam sein? Das ists, was er tun müßte, um das ewige Leben zu ererben. Aber eben darum werden ihm jetzt die Gebote der *zweiten* Tafel, wird ihm jetzt die äußere, die auf das Leben mit dem Nächsten sich beziehende Seite des göttlichen Gebots vorgehalten. »Du kennst die Gebote« – wie sie dir gerade auf dem Feld des konkretesten Tuns und Lassens im Gegenüber mit deinem Mitmenschen gegeben sind. Eben auf diesem Feld begegnen sie dir jetzt wieder, indem du mir und in meiner Person *dem* Nächsten gegenübersteht. Sei und tue jetzt, was du ihnen entsprechend sein und tun mußt, so wirst du damit beweisen, daß du Gott die Ehre gibst und wirst also ein Erbe des ewigen Lebens sein! Die Antwort des Reichen v 20, daß er *das Alles gehalten habe* von Jugend an, soll natürlich besagen: ich erwarte und bin willens, dies auch fernerhin so zu halten. Hat Jesus ihm nicht mehr zu sagen als die Wiederholung dieser Gebote, dann bedeutet seine Antwort für den Fragenden, daß er auf dem Wege, den er ohnehin gegangen ist und weiter zu gehen gesonnen ist, bestärkt und bestätigt ist. Er wird ihn nun weiter und zu Ende gehen in der Gewißheit, daß eben das der Weg zum ewigen Leben ist.

Wenn das nun nach der Fortsetzung zweifellos ein Mißverständnis der ihm gegebenen Antwort ist, so wird man doch den dem Fragenden unterlaufenen Fehler wieder nach der Fortsetzung nicht darin suchen dürfen, daß er sich selbst und Jesus mit jener Versicherung v 20 subjektiv getäuscht, daß er sich heuchlerischer oder törichterweise zu einem Heiligen gemacht habe, während er in Wirklichkeit ein Übertreter aller jener Gebote gewesen sei. Das mag und wird in der Tat sein Fall gewesen sein. Aber daran zeigt sich nach unserem Text Jesus nun gerade gar nicht interessiert. Daß er Alles, was er laut jener Gebote zu tun schuldig war, gehalten, daß er sich vor Ehebruch, Mord, Diebstahl, Raub, vor Verleumdung und vor Unehrbietigkeit gegen seine Eltern gehütet habe und auch in Zukunft hüten werde, das wird hier wie bei jenen Knechten Luk. 17,10 zunächst unbesehen hingenommen, als ob er sich so verhielte. Er hat die Gebote Gottes vor Augen gehabt. Er hat nach bestem Wissen und Gewissen getan, was sie gebieten, und gelassen, was sie verbieten. Sein Verhältnis zu Gottes Gebot ist von ihm aus und auf die äußere Gestalt des Gebotes gesehen in Ordnung. Er begegnet dem Nächsten so, wie es das Gebot Gottes von ihm haben will. Er hat sich nichts vorzuwerfen und Andere können das billigerweise auch nicht tun. Er hat wohl das Recht, nach Matth. 19,21 zu fragen: *»Was fehlt mir noch?«* Was könnte, gerade wenn es um das Halten der Gebote Gottes geht, weiter von mir gefordert sein, weiter von mir getan werden? Hat er seine zuversichtliche Antwort nicht zuletzt und zuhöchst damit unter Beweis gestellt, daß er ja nun auch zu Jesus selbst gekommen ist und sich vor ihm auf die Kniee geworfen hat? Und nun ist das Alles dennoch Mißverständnis und Täuschung, ja mehr als das: die Kundgebung des Ungehorsams, in dem er steht, in dem er zu Jesus gekommen ist und in dem er ihn auch verlassen wird. Gerade die Gebote, die er kennt, kennt er in Wirklichkeit nicht. Gerade indem er sie gehalten hat, hat er sie in Wirklichkeit nicht gehalten. Gerade indem er nun auch noch zu Jesus gekommen ist, ist er in Wirklichkeit schon an ihm vorbeigegangen. Er lebt in seinem Reich. Er kennt dessen Ordnung und den Respekt, den er ihr schuldig ist. Er kann nicht umhin, diesem Respekt Folge zu geben. Er hat das von Jugend auf und er hat es jetzt in aller Form und an der entscheidenden Stelle Jesus selbst gegenüber wieder getan. Soweit ist gar nichts gegen ihn zu sagen. Er kann das beste Gewissen haben – aber doch nur das beste Gewissen eines Ungehorsamen, der objektiv unter Gottes Ordnung steht und der dies auch subjektiv anerkennen muß und will und der nun doch in und mit dem allem immer noch ein Rebell ist, sofern er unter dieser Ordnung seinen eigenen Weg zu gehen entschlossen bleibt, sofern er das Gebot Gottes wohl sein Tun, aber nicht sich selbst bestimmen lassen, nicht sich selbst ihm unterwerfen will. Eben ihn selbst fordern aber alle jene Gebote: gerade jene Gebote der zweiten Tafel in ihrer ganzen Äußerlichkeit, in ihrer ganzen Beziehung auf sein Leben mit dem Nächsten. Gerade indem sie ihn äußerlich binden, wollen sie das ja innerlich tun. Gerade indem sie ihn an den Nächsten weisen, wollen sie ihn ja auf Gott verweisen. Daß er etwas Bestimmtes, nämlich Gottes Bundesgenosse *sei,* das fordern ja alle jene Gebote, indem sie sein Tun und Lassen in Anspruch nehmen. Daß er seinen Nächsten *liebe,* das will ja Gott, indem er ihn mit allen jenen Anordnungen hinsichtlich seines Verhältnisses zum Nächsten auf die Probe stellt. Daß er Jesus als dem König des Reichs, in dem er lebt, *gehöre,* das müßte ja der Sinn und die Wahrheit des Gehorsams sein, den er nun auch Jesus zu leisten so willig und bereit ist. Daß er von diesem Sein, Lieben und Gehören weit entfernt ist, das wird nachher sichtbar werden. Indem er eben davon weit entfernt ist, ist es klar, daß auch sein Tun in Erfüllung der Gebote, dessen er sich von sich aus und auf die äußere Gestalt dieser Gebote gesehen nicht mit Unrecht rühmen kann, das nicht ist, wofür er es hält: das von Gott geforderte Tun eines Erben des ewigen Lebens. Das eben ist sein Unrecht, daß er auf die äußere Gestalt des Gebotes sieht, und zwar von sich aus sieht und von da aus sich selbst beurteilt und dann natürlich sich frei und gerecht spricht: als ob die äußere Gestalt des Gebotes das ganze Gebot, das Gebot selbst wäre und als ob er, wenn er das ganze Gebot, das Gebot selbst hören und ihm gehorchen würde, einen Ort hätte, von dem aus er sich selbst beurteilen, frei und gerecht sprechen könnte. Gerade dem gebieterischen Willen Gottes in den Geboten der zweiten Tafel hat er sich ja, indem er sich nach bestem Wissen und Gewissen an ihre äußere Gestalt, an das ihm darin vorgeschriebene Tun und Lassen hielt, doch entzogen. Gerade in Jesu feierlicher Wiederholung dieser Gebote ist ihm ja dieser gebieterische Wille Gottes doch nicht begegnet. Das ist das Unrecht, das in dem Zwischengespräch v 19–20 über die Gebote noch verborgen – heimlich freilich bereits aufgedeckt – ist, nun aber sichtbar werden wird.

Die nächste Fortsetzung v 21 a ist freilich erstaunlich. Sie bringt nämlich nicht die erwartete lehrhafte Entlarvung des Trugschlusses, dessen sich der Fragende schuldig gemacht, indem er sich für einen Täter des Gesetzes hielt, sondern die unerwartete Feststellung: *»Jesus sah ihn an und liebte ihn«*. Es geht gewiß nicht an, dieses gewichtige ἠγάπησεν αὐτόν [er liebte ihn] mit *Calvin* (Komm. z. d. St. a.a.O. S. 540f.) dahin abzuschwächen, Jesus habe ihn so geliebt, wie Gott auch den Aristides und Fabricius um ihrer bürgerlichen Tugenden und also um des *commune bonum* [Gemeinwohls] der Welt willen geliebt habe: *quia illi grata est* *humani generis conservatio, quae iustitia, aequitate, moderatione, prudentia, fide, temperantia constat**. Und man wird auch nicht mit *Chr. Starke* (*Syn. Bibl. Ex. in NT* 1. Bd. 1733 S. 912) erklären dürfen: »Wenigstens war an ihm zu lieben und zu loben, daß er seine Jugend nicht mit groben Lastern beflecket hatte, sondern ein ehrbar Leben geführt, im Gleichen daß er einen Eifer bezeugete, zu lernen, wie er zur Seligkeit gelangen könnte«. Schon besser ist die Vermutung desselben Autors: »Und überdem mochte Jesus ein mehreres in ihm sehen, welches zu seiner Zeit offenbar wurde, wie wir von Nicodemo lesen«. Aber warum soll hier ἀγαπᾶν [lieben] auf einmal etwas Anderes bezeichnen als sonst? Gerade das tut Jesus dem Ungehorsamen gegenüber, was dieser mit seinem ganzen vermeintlichen Halten der Gebote ihm gegenüber nicht tut: er liebt ihn, d. h. er rechnet ihn zu sich, er will nicht ohne ihn sein, er will seinerseits gerade für ihn da sein. Für wen sonst ist denn Jesus da als für solche Ungehorsame? Wen sonst hat denn Gott geliebt von Ewigkeit her als eben solche? Er muß und wird nun das Gottesurteil über ihn aussprechen, durch das er als Ungehorsamer erklärt wird und auf Grund dessen er sich selbst, indem er von Jesus weggeht, das Zeugnis ausstellen muß, daß er ein solcher ist. Aber er tut auch dies und gerade dies nicht, indem er ihn haßt, nicht indem er ihm gleichgültig ist, sondern indem er ihn liebt. Daß das Gesetz die Form des Evangeliums, daß das durch das Gesetz uns verkündigte Gericht die Gestalt der Gnade Gottes ist, das ist in diesem ἠγάπησεν αὐτόν, dem die Entlarvung des Sünders mit nicht minderem Gewicht folgen wird, mit Händen zu greifen. Indem Jesus ihm nun sagen wird, was ihm fehlt, liebt er ihn, will er ihn für sich haben. Das ist es ja gerade, was dem Fragenden fehlt, daß er das nicht einsehen, daran sich nicht halten will, daß er ein Gesetz respektiert und sich an einem Gesetz mißt, das nur sein Tun und Lassen und nicht in seinem Tun und Lassen ihn selbst meint und will. Dieses Gesetz ist nicht Gottes Gesetz. Gottes Gesetz, wie es

* »Da ihm nämlich die Erhaltung der Menschen am Herzen liegt und diese auf Gerechtigkeit, Billigkeit, Mäßigung, Klugheit, Vertrauen und Selbstbeherrschung beruht.« (A.a.O., 136).

in der Person Jesu aufgerichtet ist und lebendig vor ihm steht, meint und will ihn, weil der Gesetzgeber, der eine Gott selber, mit dem er es zu tun hat, gerade ohne ihn nicht sein will, gerade mit ihm seinen Bund geschlossen, gerade ihn zu seinem Bundesgenossen gemacht hat und also gerade von ihm das Leben eines solchen verlangt. Von ihm ist gefordert, daß er sich lieben lasse. Das ist die Forderung, der er nicht gewachsen ist, der gegenüber er ungehorsam ist und als deren Übertreter er nun entlarvt werden wird. Sie hört aber damit nicht auf, diese Forderung, die Gestalt der auch an ihn gerichteten Freudenbotschaft zu sein, daß sein Richter sein Freund und Helfer ist. Versagen gegenüber dem, was Jesus von ihm will, kann er wohl. Weggehen kann er wohl, wie er es nachher getan hat. Aber wie er das Reich Jesu Christi nicht stürzen und aus ihm nicht weggehen kann, so kann er auch das nicht zunichte machen als unveräußerlichen, als den entscheidenden Bestandteil des Lichts, in das er nun einmal getreten ist: daß Jesus ihn liebte, ihn den Rebellen, ihn den Versager und Durchbrenner, als der er nachher wieder in das Dunkel zurücktreten wird, ohne daß uns die Evangelien Anlaß geben, uns anschaulich zu machen, inwiefern Jesus *allenfalls »ein Mehreres«* in dem Mann gesehen haben möchte. Daß Jesus ihn liebte, das ist – unabhängig von dem, was er tut oder nicht tut – das Einzige, an das wir uns zu seinen Gunsten halten können. Aber wer kann sich eigentlich zu seinen oder zu irgend eines Anderen Gunsten an etwas Besseres halten?

Die Gestalt der Liebe Jesu ist nun allerdings das Gebot, die Vorhaltung dessen, was ihm fehlt, was er in und mit allem, was er getan hat, noch nicht getan hat: *»Eines fehlt dir!«* (v 21 b). Was dann folgt, ist der längst angekündigte Urteilsspruch über den Fragenden: indem er dies Eine nicht getan hat und zu tun auch nicht willens ist, kennzeichnet er sich selbst als vor Gott, vor dessen Richterstuhl er steht, ungerecht, als einen solchen, der einen anderen Weg geht als den, der zum ewigen Leben führt. Denn gerade zum τέλος [Ziel] des Gesetzes ist er damit wie Matth. 19,21 hervorgehoben wird, nicht vorgedrungen. Man muß aber doch auch diese Vorhaltung zunächst positiv verstehen.

Dasselbe Wort Gottes, das jetzt ausgesprochen wird, ist ja, indem es den, der ihm widersteht, verurteilt, die Rechtfertigung dessen, der es annimmt. Es ist als Gebot voller Angebot und es bleibt das auch gegenüber dem, der ihm nicht gehorchen wird. Was dem Fragenden fehlt, ist genau die Fülle dessen, was Jesus hat, und zwar auch für ihn hat, die Fülle, mit der Jesus, indem er ihn liebt, für ihn eintreten will. Und wenn er jetzt gewissermaßen aufgefordert wird, dieses Fehlende nachzuholen, so besteht dieses Nachholen doch nur darin, daß er es sich gefallen ließe, die Fülle Jesu und so die Fülle Gottes, die auch für ihn bereit ist, auf sich überströmen, sich zugute kommen zu lassen. Daß er nicht bereit ist für das, was in Jesus für ihn bereit ist, das ist seine Sünde. Man wird aber gut tun, mehr darauf zu achten, welche Gelegenheit ihm da geboten wird, als darauf, wie sehr er diese Gelegenheit verpaßt hat.

## III

Was ihm fehlt, kommt nun (v 21 c) an den Tag. Gottes Bundesgenosse *sein,* den Nächsten *lieben,* Jesus *gehören* – das fehlt ihm. Aber nicht begrifflich lehrhaft wird das jetzt bezeichnet, sondern in konkreter Zuspitzung auf sein besonderes Dasein und Dransein, als das konkret persönlich gerade ihm Fehlende. Erst jetzt erfahren wir indirekt, daß der Mann reich ist. Und sogar erst v 22 b wird das auch direkt gesagt werden: *»er hatte viele Güter«. »Gehe hin, was du hast, das verkaufe und gib es den Armen – so wirst du einen Schatz im Himmel haben – und komm, folge mir nach!«* Das ist der Urteilsspruch: das ist es, was dem Manne fehlt zum Leben eines Erben des ewigen Lebens; das ist die Substanz und das Ziel aller Gebote, die er als solche nicht erkannt, denen er in seinem ganzen vermeintlichen Halten der Gebote nicht gerecht geworden ist; das ist es, was er auch, indem er zu Jesus gekommen und vor ihm auf die Kniee gefallen ist, nicht getan hat. Wehe ihm, dem Übertreter des Gesetzes! Aber wir übersehen nicht: der Urteilsspruch hat ja die Form einer Einladung und Weisung. Indem er formuliert, was dem Manne fehlt, öffnet er ihm die Türe zu der auch für in vorhandenen Fülle: Gehe hin! Verkaufe! Gib! Folge mir nach! Das ist eine einzige Gelegenheit und Möglichkeit, die ihm jetzt geboten wird und die ihm bleibt auch indem sie verpaßt wird – die dem Mann nachgehen wird, auch indem er allen diesen Imperativen ungehorsam ist. Er wird sich nie darüber beklagen können, daß ihm das rettende Wort – gerade in der Gestalt des ausgelegten, des in seiner Substanz und seinem Ziel offenbarten und so ihn entlarvenden und vernichtenden Gebotes Gottes – nicht nahe, daß es (Röm. 10,8) nicht in sein Herz und auf seine Lippen gelegt sei. Ihm ist Gnade widerfahren, indem er unter Gottes Gericht gestellt ist. Und so vergessen wir vor allem nicht: indem Jesus ihn *liebte,* hat er dieses Urteil über ihn ausgesprochen und hat er diese rettende Weisung ihm endgültig mit auf den Weg gegeben. Er verurteilt ihn nicht, ohne ihn zu suchen, ohne ihn für sich haben zu wollen und er tut das, indem er

sich selbst für ihn einsetzt und haftbar macht. Und es ist die Weisung, die er ihm mitgibt, eben darum rettend, eben darum wahrhaft tröstlich für den, der als Erbe ewigen Lebens leben sollte und doch so gar nicht lebt, weil sie als Weisung zugleich die Anweisung ist und bleibt, laut derer ihm das, was Gott für ihn schon getan hat, gehört und zugute kommen soll, wenn er nur von ihr Gebrauch machen will. – Der sachliche Gehalt dieses Wortes Jesu ist deutlich ein dreifacher: Was du hast, das verkaufe! Gib es den Armen! Folge mir nach! Alle drei Evangelisten sind einig in der Überlieferung dieser drei Elemente. Luk. 18,22 ist das Erste verschärft durch den Zusatz πάντα [alles]; er spricht doch nur den Sinn aus, den zweifellos auch die Formulierungen des Markus und des Matthäus haben. Man darf keines von diesen drei Elementen übersehen, keines von ihnen zugunsten der beiden anderen zurücktreten lassen. Man muß aber sicher jedes von ihnen als die Bezeichnung des Einen, Ganzen, verstehen, was Jesus dem Mann in Beantwortung seiner Frage nun gesagt hat.
Daß er, was er hat, *verkaufen,* sich also seiner entäußern soll, das bezeichnet das, was ihm fehlt, als die *Freiheit,* in der er als Gottes Bundesgenosse leben dürfte und müßte. Was die Gebote der zweiten Tafel, die er zu kennen und die er gehalten zu haben meint, unter diesem ersten Gesichtspunkt von ihm wollen, das ist die auf dem Feld seiner Beziehung zum Nächsten zu betätigende totale Bindung an den gnädigen und barmherzigen Gott, der ihn zum Bunde mit ihm erwählt und berufen hat. Was ihm fehlt, ist also gerade der Gehorsam in dem besonderen Sinn der Gebote der ersten Tafel. Daß er dem Nächsten gegenüberstehe als ein solcher, der an jenen Gott ganz gebunden ist, der von nichts als von seiner Gnade und Barmherzigkeit lebt, das ist es, was die Gebote der zweiten Tafel von ihm wollen: als ein so Lebender wird er nicht töten, nicht ehebrechen, nicht stehlen. Sie fordern dies von ihm, daß er im Verhältnis zu seinem Nächsten wirklich und ganz frei sei: befreit eben durch seine gänzliche Bindung an Gott, befreit von allen anderen göttlichen oder gottähnlichen Herrschaften und also befreit für ein Tun, das dem Nächsten wirklich gerecht wird. Steht er nicht in dieser Freiheit, dann wird

er sich vergeblich bemühen, gerade diese Gebote zu halten. Er kennt sie dann wohl und kennt sie doch gar nicht. Er tut dann wohl, was zu ihrer Erfüllung gehört – aber wie sollte er sie erfüllen, indem er gerade das unterläßt, was sie eigentlich von ihm wollen, indem er gefangen und gebunden ist durch die Rücksicht auf andere Herren und Mächte neben Gott. Ein so Gefangener ist ein Mörder und wenn er keiner Fliege etwas zuleide täte, ein Ehebrecher und wenn er nie ein Weib angesehen hätte, ein Dieb und wenn er sich keinen Strohhalm fremden Eigentums je angeeignet hätte. Ein so Gefangener ist unrein und wenn er noch so rein wäre. Indem Jesus von ihm fordert, daß er, was er hat, verkaufen soll, will er ihn an Gott gebunden und eben darum von allen anderen Herren frei haben. Er ist es nicht. Er ist ein Gefangener seiner »vielen Güter«. Was er hat, das hat vielmehr ihn: gerade in der Weise, wie Gott ihn haben möchte und allein haben dürfte. Ihn regiert das Eigenleben seiner vielen Güter mit ihrem immanenten Drang nach Erhaltung, Pflege und Vermehrung. Ihn macht der Griff des Mammon – eben dieses Eigenlebens dessen, was er hat und was in Wirklichkeit ihn hat – für Gottes Gebot unerreichbar und unbrauchbar: einfach aber wirksam damit, daß er ihm *auch* Furcht und Liebe, *auch* Vertrauen und Hoffnung einflößt, daß er *auch* Gehorsam von ihm verlangt, weil er faktisch *auch* sein Herr ist. Und wenn nun die Gebote aller anderen Götter es ertragen mögen, daß der Mensch außer ihnen auch den Geboten des Mammon oder ähnlicher anderer Herren unterworfen ist, so erträgt das Gebot des gnädigen und barmherzigen Gottes, der den Menschen zum Bunde mit ihm erwählt und berufen hat, solche Teilung nicht. Denn dieser Gott erträgt es nicht, ein Herr neben anderen Herren zu sein. Er erträgt es darum nicht, weil er das nicht ist, weil er der Herr aller Herren, der alleinige Herr ist. Von seiner Gnade und Barmherzigkeit, im Bunde mit ihm kann man nur ganz oder gar nicht leben. Seine Gebote hält nur der, der außer den seinigen keine Gebote entgegennimmt, weil er außer ihm faktisch keinen Herrn zu ehren und zu respektieren hat. Wer einen anderen Herrn neben ihm ehrt und respektiert, der übertritt als Gefangener dieses anderen Herrn alle seine Gebote und wenn er alles täte, was zu ihrer Erfüllung gehört. Die Forderung Jesu, daß der Reiche gerade seines Reichtums sich entäußern müsse, zielt klipp und klar darauf: er darf und muß der Wahrheit entsprechend von seinem anderen Herrn, vom Mammon, dem Eigenleben seiner vielen Güter, frei sein, um als so Befreiter Gottes Gebote zu erfüllen. Solange er viele Güter hat, haben sie ihn und solange sie ihn haben, kann und will Gott ihn nicht haben, kann er seine Gebote nur übertreten, kann er ein Erbe des ewigen Lebens nimmermehr sein. Er müßte sterben – als der reiche Mann, der er ist, wirklich sterben und vergehen – er müßte arm werden, um den Weg des Lebens zu betreten. Weil er das nicht will, darum frägt er umsonst nach diesem Weg, darum ist er mit der Frage danach umsonst auch zu Jesus gekommen. Oder doch nicht umsonst? Nun ist ihm ja gesagt, was er wissen will. Nun weiß er ja, um was es geht. Nun braucht er ja nur zuzugreifen. Nun ist er jedenfalls, auch wenn er gefangen ist und bleibt, kein wehrloser Gefangener mehr. Nun ist die Türe seines Gefängnisses jedenfalls weit aufgetan. Jesus liebte ihn ja, indem er ihm diese absolute Forderung stellte: Verkaufe, was du hast! Er hätte ihn nicht geliebt, wenn er sie ihm erspart hätte. Er verkündigte ihm große Freude, indem er ihm gerade das zu hören nicht ersparte, indem er ihm das rettende Wort Gottes nicht vorenthielt.

Daß er den Erlös dieses Verkaufs *den Armen geben* soll, ist das Zweite. Was ihm fehlt, wird damit positiv als die *Liebe* zum Nächsten bezeichnet, die der Sinn der Gebote der zweiten Tafel ist. Was sie von ihm wollen, ist dies, daß er, indem er lasse, was sie ihm verbieten, etwas Bestimmtes tue: daß er nämlich als Bundesgenosse des gnädigen und barmherzigen Gottes und also als freier Mann dem Nächsten so begegne, wie Gott ihm selbst begegnet. Und nun begegnet ihm Gott als der unendliche Reiche – was sind schon seine eigenen »vielen Güter« neben den Gütern des Hauses Gottes? – und was dieser Gott hat, das hat er im Bunde mit ihm wirklich an ihn dahingegeben, ihm dem Armen zur Verfügung gestellt. So handelt Gott im Unterschied zu all den anderen angeblichen Herren des Menschen, im Unterschied gerade zum Mammon mit all seinen vorgespiegelten Gaben, deren Spendung doch nur darauf hinausläuft, den Menschen noch und noch einmal sich selber dienstbar zu machen. Gott ist darin und so reich, daß er, was ihm gehört, wegschenkt, ohne Gegenleistung, ohne den Menschen wiederum dienstbar zu machen, indem er ihn vielmehr in Freiheit setzt. Und eben darin darf und soll nun der Mensch sein Nachahmer werden seinem Nächsten gegenüber. Was hat er diesem denn schon zu geben im Verhältnis zu dem, was Gott ihm gegeben hat und immer noch gibt? Nun, dieses Wenige gebe er ihm als kleine Bestätigung dessen, was er selbst empfangen hat. Und weniger als dieses Wenige *ganz* wird zu dieser Bestätigung sicher nicht genügend sein können. Was ist schon die Liebe, die der Mensch dem Nächsten zuwenden kann, im Verhältnis zu der Liebe, mit der er selbst geliebt ist? Nun, diese seine kleine Liebe, aber diese *gänzlich,* seinem Nächsten zuzuwenden wird ihm, da ihm mehr nicht möglich, mehr aber auch nicht von ihm verlangt ist, doch nicht zu viel sein können? Dann und damit, daß er gibt – nicht mehr aber auch nicht weniger als das – was er hat, wird er Gottes Gebote erfüllen. Darauf zielen sie alle, daß das geschehe: daß der Mensch als der von den fremden Herren Befreite frei sei, dem Nächsten in den bescheidenen Grenzen seiner Existenz, aber in diesen Grenzen unbegrenzt, das zu sein, was Gott für ihn selbst ist: so für ihn da zu sein, so zu seiner Verfügung zu stehen, wie Gott für ihn da ist und zu seiner Verfügung steht. »Gib es den Armen!« Und damit beweise, daß du es hast, statt daß es dich hat! Damit beweise deine Freiheit! Beweise Gott als deinen Befreier und beweise dich selbst als dieses Befreiers Zeugen! Man beachte den Zusatz: »so wirst du einen Schatz im Himmel haben!« So ist das Sterben des reichen Mannes kein leeres, kein sinnloses Sterben, sein Armwerden, weit entfernt davon seine Entblößung zu bedeuten, sein wirkliches, echtes Reichwerden. So wird ihm im Grunde gar nicht zugemutet, daß er nicht haben dürfe, was er nun einmal hat. So wird ihm vielmehr gezeigt, daß er es und wie er es recht haben darf. Er soll es damit, daß er, indem er jenen Freiheitsbeweis führt, weggibt, in einen Besitz verwandeln, den er – im Unterschied zu dem, was Mammon ihm nur vorspiegeln kann – wirklich als Eigentum haben darf. Tut er mit dem Wenigen, was sein ist, dasselbe, was Gott mit dem unendlichen Reichtum seiner Güte tut, dann tritt er ja eben damit in Gemeinschaft mit diesem Gott. Dann empfängt er ja eben damit die Bestätigung, daß ihm sein Erbe gewiß ist, daß das ewige Leben jetzt schon, indem er seiner wartet, ihm gehört. Er ist dann nicht nur Besitzer, sondern Eigentümer dessen, was er hat. Ihm kann es dann – wohlverstanden: gerade dann, wenn er es den Armen gibt – nicht mehr genommen werden. Aber eben damit er sein Eigentümer werde, muß er es jener Umwandlung unterwerfen, muß er es also weggeben, darf er sich seinem Sterben als reicher Mann, darf er sich dem Armwerden nicht entziehen. Weil er das nicht will, darum und damit ist er ungehorsam und also seitab vom Weg zum ewigen Leben, hilft es ihm nichts, danach zu fragen und auch nichts, mit dieser Frage zu Jesus gekommen zu sein. Indem er nicht geben will, was er hat, ist er Gottes Kind nicht. Aber eben die Einladung zu geben – nicht nur etwas, sondern alles, was er hat, den Armen zu geben – und damit die Substanz und das Ziel aller Gebote ist ihm ja nun offenbar geworden. Sollte er die Gebote und also das rettende Wort Gottes bisher nicht gekannt und auch nicht gehalten haben, so steht es bestimmt jetzt so hell vor ihm, so ist es ihm bestimmt jetzt so nahe auf den Leib gerückt, daß seine Frage beantwortet ist. Er hat nun Weisung. Er braucht nun sein Leben mit dem Nächsten und das frei gewordene Gut in seinen eigenen Händen bloß anzusehen, um sofort zu wissen, was er zu tun hat, um das ewige Leben zu ererben. Und Jesus liebte ihn, indem er ihm diese Weisung gab. Er wollte ihm damit nicht nehmen, was ihm gehörte; er wollte ihm vielmehr geben, was ihm nicht gehörte und als Gottes Kind doch gehörte; er wollte, daß er das wirklich habe. Er wollte, daß er einen Schatz im Himmel habe. Er wollte ihm allen fremden Herren gegenüber zu seinem Recht verhelfen. Dazu verlangte er so hart von ihm, daß er alles, was er hatte, verkaufen und es den Armen geben solle. Er hätte ihn nicht geliebt, wenn er ihn weniger hart bedrängt hätte. Er verkündigte ihm große Freude, gerade indem er ihn so hart bedrängte.

Die dritte Forderung oder die dritte Form der einen Forderung Jesu lautet, daß er kommen und ihm, Jesus, *nachfolgen* solle. In dieser dritten und erst in dieser dritten Form werden auch die beiden ersten, ohne ihr eigenes Gewicht zu verlieren, ganz klar. Was ist von dem Mann gefordert, damit er das ewige Leben ererbe? Dies ist gefordert, daß er *Jesus gehöre*. Er ist ihm wohl zugelaufen und vor ihm auf die Kniee gefallen und ist ihm doch offenbar noch nicht nahe genug, noch nicht wirklich in seine Nähe gekommen. Er soll nämlich – das besagt diese dritte Form der an ihn gerichteten Forderung – zu ihm kommen, um fortan bei ihm zu bleiben, um nicht mehr von ihm wegzugehen, um seinen Gang in Zukunft nach seinem, Jesu Gang, zu richten. An die Stelle seiner Eigenbewegung darf und soll diese neue Bewegung treten: Folge mir nach! Das ist nochmals und nun entsscheidend: die Auslegung der dem Fragesteller vermeintlich bekannten, von ihm vermeintlich erfüllten Gebote der zweiten Tafel. Die Freiheit für Gott, die sie vom Menschen fordern, ist die Freiheit für Jesus. Und die Freiheit für den Nächsten, die sie fordern, ist wieder die Freiheit für Jesus. Auf den wahren Gott und auf den wahren Menschen zielen sie ja, indem sie auf Gott und auf den Menschen zielen. Und hier in der Person Jesu, steht der wahre Gott und der wahre Mensch dem Adressaten und Hörer der Gebote Gottes gegenüber. Jesus wartet mit Gott und als Gottes Sohn auf unsere Anerkennung, daß er allein der Herr ist und er wartet als der Bruder der Armen, die unsere Nächsten sind, auf unser Zeugnis, daß dieser Herr so gütig ist. Daß der Mann das, was er hat, verkaufen und also für Gott frei werden und daß er es den Armen geben und also für den Nächsten frei werden soll, das hat Beides seinen Sinn und seine Kraft von diesem Letzten her: er soll kommen und Jesus nachfolgen. Jesus nachfolgen ist insofern die Bestätigung jener doppelten Freiheit, als eben das Leben in der Nachfolge Jesu das Leben jenes Bundesgenossen Gottes ist, der als solcher dem Nächsten so gänzlich verbunden ist. Jesus nachfolgen heißt: dem Gebot Gottes nach diesen beiden Seiten recht geben. Und dem Gebot Gottes nach diesen beiden Seiten recht geben, heißt notwendig: Jesus nachfolgen. Eben das fehlt dem Mann. Gefangen genommen durch die Ansprüche seiner vielen Güter, beschäftigt durch die Erhaltung, Pflege und Vermehrung, die sie von ihm verlangen und durch diese Ansprüche abgehalten von dem Zeugnis der Freiheit, mit dem er seinem Nächsten begegnen müßte, will er seinen eigenen Weg weitergehen. Er sieht und realisiert nicht, daß er gerade in dieser Eigenbewegung nach beiden Seiten unfrei ist. Er will auch durch Jesus in dieser Unfreiheit, die er für Freiheit hält, nicht gestört sein. Indem das Wort Jesu diesen Sachverhalt aufdeckt, offenbart es ihm, daß er vom ewigen Leben ausgeschlossen ist, ist es Gerichtswort. Es ist es doch nicht, ohne ihm – und nun gerade in dieser dritten Form entscheidend – die Richtung anzugeben, in der das ewige Leben auch für ihn vorhanden, zu suchen und zu finden ist. Es ist gerade in dieser dritten Form, indem es Gebot ist, Angebot. Nicht weniger als sich selbst bietet ihm doch Jesus an, indem er ihn aufruft, ihm nachzufolgen, nicht weniger als dies, daß er zu denen gehören soll, an deren Spitze und an deren Stelle er selbst sich gestellt hat, nicht weniger als dies: daß er selbst die Verantwortlichkeit für seine zeitliche und ewige Zukunft auf sich nimmt, nicht weniger also als die Teilnahme an seiner eigenen Freiheit.

## IV

Wenn wir nun v 22 erfahren, daß der Reiche sich über das ihm gesagte Wort, über die ihm nun zuteil gewordene Erklärung der Gebote»entsetzte« und daß er traurig davon ging, so bestätigt das gewiß: was ihm gesagt wurde, war vom Throne Gottes her die Eröffnung seiner Verurteilung. Er war dem Gebote Gottes in seiner nun vollständig und unzweideutig offenbarten, in seiner nun authentisch interpretierten Form nicht gewachsen. Er stand ihm, indem er an seine ihm zugemutete Erfüllung nicht zu denken, geschweige denn heranzutreten wagte, unwürdig, ohnmächtig, verloren gegenüber. Es war das von ihm Geforderte unverhältnismäßig zu viel und zu groß für ihn. Er konnte nicht verkaufen, was er hatte: er konnte sich von der Herrschaft des Mammons und seiner Gebote nicht frei machen. Er konnte das Seine nicht den Armen geben: er konnte sich selbst nicht zu einem Zeugen der Güte des ewig reichen Gottes machen. Er konnte Jesus nicht nachfolgen: er konnte die Eigenbewegung seines Lebens nicht aufhalten, nicht in die Bewegung der Dankbarkeit übersetzen. Er war zu dem allem nicht der Mann. Er war nicht der, der das tun konnte; er war eben ungehorsam. Wie sollte er da gehorchen, wie gehorchen wollen können? Er war nicht frei für die ihm gebotene und angebotene Freiheit. Und so konnte die ihm gegebene Gelegenheit, eine Erbe des ewigen Lebens zu werden, faktisch nur die Gelegenheit sein, bei der es an den Tag kam, daß er das darum nicht werden konnte, weil das Sein als die Voraussetzung dieses Werdens ihm abging. Er konnte sich nur entsetzen angesichts dieses Sachverhaltes. Er konnte nur weggehen auf demselben Wege, auf dem er gekommen war: einem anderen Wege als dem, der zum ewigen Leben führt, und konnte darum nur traurig weggehen – traurig über die unerreichbare Ferne und Fremde der Herrlichkeit Gottes, die ihm begegnet war und traurig über seine eigene Inkompetenz und Insuffizienz ihr gegenüber, traurig angesichts des Kontrastes zwischen Gottes Willen und seinem eigenen Willen. Und alle Traurigkeit, die er empfinden und äußern mochte, konnte doch nur ein Schatten der unendlichen realen Traurigkeit dieses Kontrastes sein. Was sich zu seinen Füßen auftat, war der Abgrund der schlechthinigen Unmöglichkeit des Verhältnisses zwischen Gott und dem der Sünde verfallenen und als Sünder sich Gott entgegenstellenden Menschen.

Aber man würde, obwohl das das letzte Wort ist, das wir über den Mann zu hören bekommen, auch hier nicht gut tun, dieses Geschehen nur negativ zu sehen und zu verstehen. Erinnern wir uns an das zu Anfang Festgestellte: es ist das Reich Jesu Christi, in dessen Raum sich dieser Vorgang abspielt. Jesu Souveränität und Majestät bezeugt der Reiche damit nicht weniger, daß er nun traurig von ihm weggeht, als er sie damit bezeugt hatte, daß er fragend zu ihm gekommen war. Mit ihm hat und behält er es auch in dem Stande des Ungehorsams zu tun, aus dem er zu ihm gekommen und in den wir ihn nun wieder zurücktreten sehen. An ihm ist er gescheitert und so an Gottes Gebot. Es war seine Fülle, die ihm fehlte und zu deren Fehlen er sich nun bekennen mußte. *Jesus* heißt ja der von allen anderen Mächten und Herrschaften freie, weil ganz an Gott gebundene Mann. *Jesus* heißt ja der Mensch, der mit allem, was er ist und hat als Zeuge der Güte des reichen Gottes den Armen zur Verfügung steht. In und durch Jesus selbst allein kann und wird ja ein anderer Mensch Jesu Nachfolger werden und sein. Daß er *Jesus* gegenüber der arme Reiche ist: der anderweitig Bestimmte und Beherrschte, der Mann, der viele Güter hat, daß er alle Güter hat, nur das eine nicht: die Fülle Jesu, das verurteilt ihn, das schließt ihn aus vom ewigen Leben, das ist der Abgrund jener inneren Unmöglichkeit zu seinen Füßen, das macht ihn zum Ungehorsamen gegen Gottes Gebot und damit zum Traurigen, weil Gottes Gebot nun einmal lautet: »Freuet euch!« Wer die Fülle Jesu hat, der erfüllt Gottes Gebot, der darf und der muß sich freuen. Wie sollte der das tun, der die Fülle Jesu nicht hat und wenn er noch so viele Güter hätte? Können sie ihm etwas Anderes bedeuten als die Bestätigung dessen, was ihm fehlt und also die Bestätigung seines Ungehorsams und also neue Bestärkung in seiner Traurigkeit? Aber eben weil das ihm fehlt, kann das, daß er nun als Ungehorsamer entlarvt wird, und nur noch traurig hinweggehen kann, in keinem Sinn bedeuten, daß er nun fallen gelassen sei. Wissen wir nicht, was sich weiter mit ihm ereignet hat, so wissen wir doch sicher, daß eben das, was ihm fehlte, die Fülle Jesu, auch für ihn, auch für solche arme Reiche wie er – und gerade für solche – dagewesen und geblieben ist. Wir erinnern uns ja: Jesus liebte ihn, indem er ihm jenes Urteil verkündigte. Was heißt das Anderes, als daß er, indem er ihn verurteilte, auch und gerade für ihn, den Verurteilten, ganz und gar da sein und da bleiben, daß er auch als sein Richter sein Freund und Helfer sein und bleiben wollte? Sein Reich – das Reich dieses Liebenden – umgreift ja gerade den üblen Kontrast zwischen dem Willen Gottes und dem menschlichen Willen, zwischen Gott und den Sündern, zwischen Gottes Herrlichkeit und der Unwürdigkeit, Ohnmacht und Verlorenheit, in der ihm der Mensch gegenübersteht. Sein Reich umgreift ja gerade den Abgrund der inneren Unmöglichkeit der menschlichen Existenz, in der seine Fülle – die Fülle der Liebe, in der Gott die Welt geliebt hat, bevor sie war – verkannt, verleugnet und zurückgestoßen wird. Wo anders als eben in der Tiefe dieses Abgrundes hat er sein Reich aufgerichtet? Versinkend in diesen Abgrund wird der Mensch immer wieder auf ihn stoßen und in ihm immer wieder den finden und haben, der eben sein Verlorengehen in diesem Abgrund nicht will und aller Macht seiner Ohnmacht zum Trotz nicht dulden und zulassen will und wird.

Daß das Gebot Gottes kraft der Totalität, in der es dem Menschen in der Person Jesu gegenübersteht, tötet, das zeigt die Entlarvung des menschlichen Ungehorsams in der Geschichte des reichen Mannes, das zeigt die Traurigkeit, in der dieser hinwegging. Daß das Gebot Gottes, indem es tötet, kraft derselben Totalität nicht aufhört, lebendig machend zu sein, das zeigt die Fortsetzung v 23f., in der Jesus seinen *Jüngern* gegenübersteht: der Gebieter denen, die seinem Gebot gehorsam sind. Sie haben ja nach dem unwidersprochenen Wort des Petrus v 28 *Alles verlassen und sind ihm nachgefolgt*. Sie haben also getan, was der Reiche zu tun nicht der Mann war. Sie sind derselben totalen Forderung gerecht geworden, durch deren Proklamation jener als Ungerechter entlarvt und verurteilt wurde. Sie befinden sich also, wie ihnen v 30 bestätigt wird, auf dem Wege zum ewigen Leben. Daß Jesus sie *»anblickte«*, wird zweimal (v 23 u. 27) mit Betonung berichtet. Es ist sein Blick auf die Seinigen: der Blick dessen, der weiß, daß sie, aber auch wie und warum sie die Seinigen sind. Eben darum ist er nun freilich kein ausschließender Blick, kein Hinwegblikken von dem, der jetzt traurig davongegangen ist. Vielmehr über die Seinigen hinweg und durch sie hindurch blickt er laut alles dessen, was jetzt gesagt werden wird, gerade diesem Davongegangenen erst recht nach oder entgegen. Hat das eine Wort Gottes jetzt eine Scheidung vollzogen zwischen den Gehorsamen und den Ungehorsamen, so hat sich doch das Wort Gottes selbst nicht aufgelöst in zwei Bestandteile, so bleibt es doch Gerichtswort auch an die Gehorsamen, Verheißungswort auch an den Ungehorsamen. Und eben in dieser unteilbaren Ganzheit wird es jetzt von Jesus den Seinigen mitgeteilt und aufgetragen. Was Jesus seinen Jüngern nach jenem Geschehen zwischen ihm und dem Reichen zu sagen hat, ist ja gerade nicht dies, daß ein solcher wie dieser Mann mit den vielen Gütern als solcher vom Reiche Gottes ausgeschlossen sei, daß er unmöglich ins Reich Gottes eingehen könne. Sondern daß es für solche *»schwer«* sei, das zu tun – schwerer als der Durchgang eines *Kamels* durch ein *Nadelöhr* – das ist es, was ihnen nach Mc. 10,23–25 zweimal nachdrücklich zu bedenken gegeben wird. Ein wahrer Berg von Schwierigkeit steht dem entgegen, was sie zugestandenermaßen getan haben: dem Halten der Gebote. An diesem Berg ist der Reiche vor ihren Augen gescheitert. Ihn zu überwinden oder zu beseitigen war er laut seiner eigenen Entscheidung und laut des bestätigenden Wortes Jesu nicht der Mann. So waren sie, die Jünger, die Männer das zu tun? Merkwürdig genug, daß diese naheliegende Folgerung weder von Jesus noch auch von ihnen selbst gezogen wird, daß die Feststellung Jesu ihnen durchaus nicht die Freude und Genugtuung verschafft, die sie deshalb haben könnten, weil sie, indem sie taten, was jener nicht tat, den Berg jener Schwierigkeit hinter sich gebracht hatten. Warum müssen nun auch sie sich *»entsetzen«?* (v 24) und *»noch mehr entsetzen«* (v 26)? Wo bleibt die Ruhe des guten Gewissens, die sie doch haben konnten, wenn jetzt nach v 26 auch sie fragen müssen: *»Wer kann da gerettet werden?«* Als ob sie nicht wüßten, daß und wie ein Jeder sehr wohl gerettet werden kann, als ob sie das dazu Nötige nicht selbst getan und also gekonnt hätten? Mag es eine lästige und undankbare Sache sein, mag es einen sehr radikalen Entschluß und einen sehr freien Willen dazu brauchen, zu tun, was von dem Reichen verlangt war und was sie selbst in ihrer Weise getan haben – wo aber ist hier das so erschreckend Schwierige, das offenbar geradezu Unmögliche, das ihnen vor Augen zu stehen scheint und im Blick auf das sie, obwohl sie doch gehorsam waren, nun dennoch sich so entsetzen, so fragen, sich also mit jenem Ungehorsamen in der Sorge um ihre Errettung geradezu solidarisieren müssen? Das ist sicher, daß ihr Entsetzen und ihre Frage auch nach der Meinung des Evangelisten durchaus am Platz waren. Es ist in Ordnung, daß sie die an den Reichen gerichtete Forderung, sein Versagen und die Feststellung Jesu über die große Schwierigkeit der Erfüllung der Gebote Gottes, obwohl sie diese doch erfüllt hatten, befremdet, wie wenn sie selbst Derartiges zum ersten Mal gehört hätten, wie wenn Alles, was sie verlassen hatten, um Jesus nachzufolgen, noch immer in seinem ganzen Wert und in seiner ganzen Notwendigkeit vor ihnen stünde, sie festhalten und verhindern könnte, ihm gehorsam zu sein. Was zwischen Jesus und dem Reichen geschehen ist, das hat nach der Meinung des Evangelisten offenbar auch ihnen, den Gehorsamen, ganz neu und überraschend gezeigt, was Gehorsam, wie groß der Schritt des Gehorsams ist und daß dieser Schritt, einmal getan, in seiner ganzen Schwierigkeit immer wieder getan sein will. Daß auch die Gehorsamen immer am Rande jenes Abgrunds des Ungehorsams stehen, daß dieser Abgrund auch zu ihren Füßen ist, das ist ihnen – indem sie jetzt als Gehorsame neben dem Ungehorsamen standen, offenbar gemacht worden. Und daß dies gerade ihnen, den Jüngern, offenbar werden, daß gerade sie sich in der Tat dem Gebot Gottes als solchem gegenüber zu ihrer Solidarität mit dem Ungehorsamen bekennen mußten, das ist nach v 23–31 der Sinn dieser Geschichte. Darum ihr Entsetzen. Darum ihre Frage: »Wer kann da gerettet werden?« Daß sie getan haben, was jener nicht tat, kann jene Offenbarung nicht aufhalten und darf sie von diesem Bekenntnis nicht zurückhalten. Sie sind Jesus, sie sind dem Gebot Gottes gegenüber in derselben Not mit jenem. Auch daß sie selbst in das Reich Gottes eingehen, steht vor ihnen schwerer als der Durchgang eines Kamels durch ein Nadelöhr. – Auch daß *sie,* die *Gehorsamen,* gerettet werden, ist nach dem Wort Jesu v 27 *bei den Menschen unmöglich.* Und allein das, daß bei *Gott alle Dinge* – und also auch ihre Errettung und als Weg zu ihrer Errettung ihr Gehorsam – *möglich* sind, allein *das* also, was auch die Hoffnung des davongegangenen *Ungehorsamen* ist, ist auch *ihre* Hoffnung. Es ist offenbar dieses Wort v 27, das den Drehpunkt des ganzen Zusammenhangs bildet. Daß jemand gerettet werde, das steht nicht in des Menschen, wohl aber in Gottes Macht. Niemand kann gerettet werden: auf Grund dessen, was er kann! Jeder kann gerettet werden: auf Grund dessen, was Gott kann. Das ist die Form des göttlichen Anspruchs, daß er Beide: die Gehorsamen und die Ungehorsamen miteinander dahin, in diese Einsicht, zur Erkenntnis dieses ihres Standes dem gebietenden Gott gegenüber treibt. Das will er von uns und das erreicht er auch auf alle Fälle, indem er laut wird: daß wir dorthin zu stehen kommen, wo uns, ob wir gehorsam oder ungehorsam seien, durch uns selbst gar nicht, sondern allein durch Gottes Macht, die Macht seiner Barmherzigkeit, zu helfen ist. So radikal ist dieser Anspruch, so radikal greift er durch und bindet er uns. Er verlangt nach dem vorliegenden Text von dem Reichen, was diesem auf Grund dessen, was er kann, unmöglich ist. Wir sahen ja: was ihm fehlt als Erfüllung der Substanz der Gebote, das ist das Leben in der Fülle Jesu, seine Freiheit für Gott und für den Nächsten. Nur in dieser Freiheit könnte und würde er gehorsam sein. Aber eben diese Freiheit fehlt ihm. Er ist ja nicht Jesus. Er ist nur der Mann mit den vielen Gütern und als solcher dieser Freiheit nicht fähig. Er kann den

Geboten Gottes nur ungehorsam sein. Er kann den Weg zum ewigen Leben nicht betreten, geschweige denn gehen. Er müßte, um das zu tun, ein Anderer sein als der er ist. Als der, der er ist, ist er davon ausgeschlossen. Und wer kann sich selbst zu einem Anderen machen als der er ist? Bei den Menschen, auf Grund des menschlichen Vermögens, ist das unmöglich. Menschliches Vermögen schließt dieses Können nicht in sich. Der Durchgang eines Kamels durch ein Nadelöhr ist eher möglich, als daß ein Mensch, um zu tun, was zum Eingang in das Reich Gottes nötig ist, sich selbst zu einem Anderen mache als der, der er nun einmal ist. Das gilt aber auch für die Jünger Jesu, die jenem Reichen unbegreiflicherweise gegenüberstehen als solche, die getan haben, was er nicht getan hat, nicht tun konnte, und die darum selig zu preisen sind als solche, die sich auf dem Wege zum ewigen Leben befinden. Alles, was jenem fehlt, fehlt, von ihrem eigenen Können her gesehen, auch ihnen. Auch ihnen ist die Fülle Jesu, seine Freiheit für Gott und für den Nächsten nicht zu eigen. Auch sie haben kein Organ, keine Anlage, keine Fassungskraft dafür. Auch sie sind ja nicht Jesus. Auch sie könnten als die, die sie sind, dem Gebote Gottes nur ungehorsam sein, den Weg zum ewigen Leben nur verfehlen. Auch sie können sich ja nicht zu Anderen machen als die sie sind. Der Berg von Schwierigkeiten, der vor jenem steht, steht auch vor ihnen. Das ist die Entdeckung, vor die sie nach unserem Text gestellt sind. Wer kann gerettet werden? Niemand kann das. Auch sie können es nicht. Das Urteil über den Reichen, die Feststellung des Einen, was ihm fehlt, hat unmittelbar auch sie betroffen. Ohne die Allmacht der Barmherzigkeit Gottes müßten auch sie sich verloren geben. – Aber was Gottes Gebot vom Menschen verlangt, ist damit noch nicht vollständig beschrieben, daß es als das dem Menschen Unmögliche bezeichnet wird. *Was bei den Menschen unmöglich* ist, das ist *bei Gott* auf Grund dessen, was nicht der Mensch, wohl aber Gott kann, *möglich* – und nun und so wirklich auch dem *Menschen* möglich: nicht kraft seines eigenen, wohl aber kraft des göttlichen Vermögens. Und das ist die Auszeichnung und der Vorsprung der Jünger Jesu vor dem Reichen, der Unterschied der Gehorsamen von dem Ungehorsamen, daß sie dieser göttlichen Möglichkeit Zeugen sein dürfen. Sie haben tatsächlich Alles verlassen und sind Jesus nachgefolgt. Wie geschah das? Indem sie Gebrauch machten von dem, was sie so wenig hatten wie jener, was aber als Gottes Gabe und Geschenk zu ihrer Verfügung stand. Indem sie gerade das, was ihnen nicht weniger fehlte als jenem, als in Jesus auch für sie vorhanden erkannten, in Anspruch nahmen und ergriffen. Indem sie ohne Rücksicht auf ihre eigene Fassungsunkraft, die nicht kleiner war als die des Reichen, die Fülle Jesu ihre eigene Fülle sein ließen, seine Freiheit – die nicht die ihrige war – als solche gelten ließen und zur Anwendung brachten. Indem sie ohne Jesus zu sein, auf sein Wort hin an ihn sich hielten und also tatsächlich, ohne von sich aus Andere zu sein, sein, Jesu, Anderssein für sich maßgebend sein ließen und so tatsächlich als Andere lebten, als die sie waren. In dieser Demut oder in dieser Kühnheit – vielmehr auf Grund der Gnade, die ihnen diese Demut oder diese Kühnheit erlaubte und gebot, wurde ihnen das ihnen Unmögliche möglich. Ihnen? Nein, es war nie und nimmer das ihnen Mögliche. Es war und blieb das Gott allein Mögliche. Aber daß eben das Gott allein Mögliche *für* sie möglich geworden sei, in dieser Erkenntnis, in diesem Vertrauen, in dieser Demut oder Kühnheit – wir können jetzt auch einfach sagen: im *Glauben* wurden sie gehorsam. Sie ließen es wahr sein, daß Jesus für sie gehorsam war; sie wurden es mit ihm: als die Ungehorsamen, die sie auf Grund ihres eigenen Vermögens allein sein konnten – gehorsam in der Nachfolge seines Gehorsams. Sie glaubten, d. h. sie ließen es sich gefallen, sich sein Vermögen beilegen, ihr eigenes Unvermögen von seinem Vermögen bedecken zu lassen; sie unternahmen es, im Schatten und Schutz seines Vermögens zu leben. Dieses Leben im Schatten und Schutz seines Vermögens war ihr Gehorsam: ihre Willigkeit und Bereitschaft, Alles zu verlassen und ihm nachzufolgen. Eben darum, weil sie so und nur so gehorsam und auf dem Weg zum ewigen Leben sind, ist es klar, daß das Urteil über den Ungehorsamen auch sie treffen muß. Wie sollten die, die in jener Demut oder Kühnheit nach der ihnen beigelegten Freiheit Jesu gegriffen, in den Schatten und Schutz seines Vermögens, des Vermögens Gottes sich gestellt haben, nicht erschrecken müssen, sobald ihnen wieder vor Augen steht – im Lichte des Ungehorsams eines Anderen vor Augen gestellt wird – wie sie ohne diese Freiheit, ohne diesen Schatten und Schutz dran sein müßten, wie unmöglich es dann auch ihnen wäre, gehorsam zu sein, wie ungehorsam sie selbst außerhalb dieses Schattens und Schutzes dastehen müßten! Wie könnten sie wähnen, sich selbst zu Anderen gemacht zu haben, aus und durch sich selbst Andere zu sein als die sie sind und also auf Grund ihres Könnens und Vollbringens vor dem Urteil, das jenen trifft, in Sicherheit zu sein? Fehlt ihnen das Eine *nicht,* das zur Erfüllung des göttlichen Gebotes nötig ist, dann doch nicht darum, weil sie selbst es haben und vollbringen, dann doch nur darum, weil es in Jesus für sie da ist, weil und indem sie sich das im Glauben an ihn gefallen lassen. Und eben darum, weil sie so und nur so gehorsam und auf dem Wege zum ewigen Leben sind, ist auch das ganz klar, daß sie den Freispruch, den sie im Unterschied zu dem Reichen, dem Ungehorsamen, empfangen haben, die Hoffnung und die Zuversicht, in der sie im Unterschied zu ihm leben dürfen, nicht nur auf sich beziehen, daß sie sie gerade ihm gegenüber nicht für sich behalten dürfen. Gehören sie mit ihm zusammen unter das Gericht über alles, was bei den Menschen möglich ist, so gehört er seinerseits mit ihnen zusammen unter die Verheißung dessen, was bei Gott möglich ist. Zu dem, was bei Gott möglich ist, gehört offenbar wie ihr eigener gegenwärtiger Gehorsam, so auch der künftige Gehorsam des Reichen, wie ihre eigene so auch seine Anwartschaft auf das ewige Leben. Leben sie wirklich davon, daß die Fülle Jesu für sie, die Ungehorsamen, da ist, so können sie auch diesen anderen Ungehorsamen nur darauf hin ansehen und anreden, daß dieselbe Fülle auch für ihn da ist. Besteht ihre eigene Erfüllung des Gebotes schlicht darin, daß sie als solche leben, die von der ihnen beigelegten Freiheit Jesu und also von dem Vermögen Gottes, das größer ist als ihr Vermögen, Gebrauch machen, wie sollten sie dann diesen oder irgend einen Übertreter dieses Gebotes anders beurteilen, denn als einen solchen, für den diese Freiheit auch da ist, nur daß er eben noch nicht den auch ihm zustehenden Gebrauch gemacht hat? Gab und gibt es Gnade für sie – jene ihr eigenes Unvermögen bedeckende Gnade des göttlichen Vermögens – wie dann nicht auch für diesen, für jeden anderen gleich ihnen selbst Unvermögenden? Der durchgreifenden Autorität und Geltung des göttlichen Gebotes, das vom Menschen verlangt, daß er ein der Barmherzigkeit Gottes Anbefohlener sei, kann kein Ungehorsamer sich entziehen. Und daß dem so ist, das kann von keinem Gehorsamen dem Anderen gegenüber verheimlicht, von keinem zu seinen eigenen Gunsten zu Ungunsten des Anderen geltend gemacht, das muß vielmehr von denen, die es wissen, den Anderen, die es noch nicht wissen, bezeugt und gesagt werden. Dazu und nur dazu sind sie besser dran als jene Anderen, sind sie ausgezeichnet vor ihnen. Daß die *Jünger,* die durch Gottes Gnade sind, was sie sind und tun dürfen, was sie tun, zu *Aposteln* werden, d. h. zu Verkündigern dessen, was bei den Menschen unmöglich, bei Gott aber möglich ist, das ist der Sinn ihrer Auszeichnung, der Sinn ihrer Unterscheidung von dem reichen Mann, wie sie in dem Geschehenen, dessen Zeugen sie waren, sichtbar geworden ist. (Unverkennbar spiegelt und wiederholt sich in dem Verhältnis zwischen den Jüngern und dem Reichen dieser Geschichte das Verhältnis zwischen der *Kirche* und *Israel,* aber auch das der ganzen *Gemeinde Gottes* zu der sie umgebenden *Menschenwelt!*) Gehorsam gemacht und auf den Weg zum ewigen Leben gestellt, sind sie jedem Menschen gegenüber Zeugen dafür, daß das, was sie sein und tun dürfen, der Wille Gottes auch mit ihm, daß eben die Möglichkeit, von der sie leben, auch ihm gegeben, auch für ihn gebrauchsbereit ist. Durch Glauben allein gerettet, dürfen und sollen sie jedem noch nicht so Ausgezeichneten sagen, daß eben diese Auszeichnung auch seine Bestimmung ist, daß er in keiner Tiefe seines Ungehorsams aufhören kann, dazu bestimmt zu sein. Insofern hat Jesus, indem er die Jünger anblickte als die Seinen, als die Gehorsamen, zugleich dem Reichen, dem Ungehorsamen und allen Seinesgleichen nach- und entgegengeblickt als solchen, die sich in der Reichweite des göttlichen Gebotes befinden und unter keinen Umständen aus ihr zu entlassen sind.

# V

Der Wortwechsel zwischen Jesus und Petrus Mc. 10,28–31, der die Perikope zum Abschluß bringt, endigt v 31 mit dem bedeutsamen Wort: *»Viele Erste werden Letzte und die Letzten werden Erste sein«*. Daß das ganze Geschehen zwischen Jesus und dem Reichen einerseits und den Jüngern andererseits eine Gerichtsdrohung auch an die Jünger und eine Verheißung auch an den Reichen bedeutet, das dürfte in diesem Schlußwort unverkennbar werden. Man bemerke, wie die Grundvoraussetzung des Reiches Christi als des Raumes, in welchem sich das Ganze abgespielt und von dem das Ganze Zeugnis gegeben hat, noch einmal sich durchsetzt: nicht von Geretteten und Verlorenen, nicht von Drinnen- und Draußenstehenden, nicht von Beteiligten und Unbeteiligten, sondern von einem ernsten, aber in seinem ganzen Ernst nun doch nicht absoluten *Unterschied* innerhalb *desselben* Bereiches: von Ersten und Letzten ist ja die Rede, und darum von der Möglichkeit einer innerhalb dieses Bereichs nun allerdings höchst radikalen Veränderung des Standes und der Beurteilung der Einen und der Anderen, der jetzt Gehorsamen und der jetzt Ungehorsamen unter seinen Bürgern und Bewohnern. Sind die Jünger mit ihrem Gehorsam, den sie doch nicht sich selbst, sondern dem ihnen gegebenen göttlichen Vermögen verdanken, jetzt Erste und ist der Reiche, auf Grund seines menschlichen Unvermögens jetzt ein Letzter, Jene ausgezeichnet, Dieser benachteiligt, so nehmen doch an beiden Voraussetzungen beide teil, so ist doch das Verhältnis zwischen Jenen und Diesem auf Grund der für beide geltenden Voraussetzungen ein umkehrbares: Es könnte der Reiche, jetzt der Letzte, kraft des auch ihm nicht entzogenen, auch von ihm in Gebrauch zu nehmenden göttlichen Vermögens ein Erster werden, die Jünger aber, jetzt die Ersten, Letzte auf Grund des auch ihnen eigenen, dem göttlichen Vermögen widerstrebenden menschlichen Unvermögens. Röm. 11,14f.! Die zwischen Jenen und Diesem jetzt entstandene und sichtbare Situation ist nicht stabil, nicht absolut.

Stabil ist nur das Gebot Gottes, absolut ist nur Jesus als der König des Bereichs, in welchem beide existieren, das Walten der göttlichen Barmherzigkeit, der beide verantwortlich und der gegenüber beide hilfsbedürftig sind.
Der Wortwechsel zwischen Jesus und Petrus v 28–30, auf den sich jene abschließende Feststellung bezieht, macht zugleich die hohe Auszeichnung, aber auch die große Gefährdung gerade der Jünger sichtbar: ihre Stellung als Erste, aber auch die Möglichkeit, daß sie tatsächlich aus Ersten Letzte werden könnten. *»Wir haben Alles verlassen und sind dir nachgefolgt!«* das war es, was Petrus v 28 passender und zugleich unpassender Weise gerade im Anschluß an jenes Wort von dem bei den Menschen nicht, wohl aber bei Gott Möglichen anzumelden fand. Passender Weise, sofern ja die Jünger in der Tat auf Grund des bei Gott Möglichen das bei den Menschen Unmögliche getan hatten. Unpassender Weise, sofern diese Anmeldung – so hat Matthäus sie sicher mit Recht verstanden – einer fremdartig aufsteigenden Sorge Ausdruck gibt: *»Was wird aus uns?«* Aus dem Glauben an das, was bei Gott möglich ist und also aus dem die Jünger vor dem Reichen auszeichnenden Gehorsam ist diese Sorge nicht zu erklären, sondern, wenn überhaupt, dann nur aus dem, was sie mit dem Reichen zu ihren Ungunsten gemeinsam haben: aus dem auch ihnen eigenen und mit dem des Reichen zusammen entlarvten und verurteilten Ungehorsam. Laut dieser Sorge war der Gehorsam, in welchem sie alles verlassen hatten und Jesus gefolgt waren, nun doch kein freudiger Gehorsam gewesen. Laut dieser Sorge hatten sie wohl im Glauben vorwärts und nun doch zugleich rückwärts geblickt auf Alles das, was sie, um Jesus nachzufolgen, verlassen hatten. Wie aber hatten sie es dann wirklich verlassen? Wie waren sie dann im Unterschied zu dem Reichen Jesus wirklich nachgefolgt und der Substanz der göttlichen Gebote wirklich gerecht geworden? Wie konnte es dann anders sein, als daß sie sich mit dem Reichen zusammen trotz dessen, was sie getan hatten, ernstlich und gänzlich in Frage gestellt sehen mußten? Wie konnten sie dann nicht bedroht sein von der Möglichkeit, die er jetzt verwirktlichte: von der Möglich-

keit, statt Erste Letzte zu sein? Jener war traurig davongegangen. Was aber hatten sie getan, indem sie laut dieser Sorgenfrage traurig hinzugekommen waren? Was bei den Menschen möglich und unmöglich ist dem Gebot Gottes gegenüber, das wird in dieser Frage bei den Jüngern nicht weniger sichtbar als zuvor bei dem Reichen und eben damit die Gefährdung, in der auch sie sich befanden. Sagt ihnen Jesus v 29f. – tröstend, ihre Sorge gewissermaßen beschwichtigend und zerstreuend – daß *keiner* sei, *der Haus, Brüder, Schwestern, Mutter, Vater, Kinder, Äcker verlassen habe* um seinet- und des Evangeliums willen, der nicht *Hundertfältiges* für das Dahingegebene *schon in dieser Welt,* mitten in der Verfolgung, wieder empfangen werde *und in der künftigen Welt das ewige Leben* (und hat er nach Matth. 19,28 diese Verheißung noch verstärkt durch den Verweis auf ihr apostolisches Amt, kraft dessen sie zu Richtern der zwölf Stämme des Volkes Gottes bestimmt sind), so darf man die darin liegende Beziehung auf diese ihre Gefährdung, die damit nun auch gegen sie ausgesprochene Gerichtsdrohung nicht überhören. Die um seinetwillen, ihm nachfolgend, Alles verlassen haben, sind solche, die, wie sie des ewigen Lebens in der zukünftigen Welt gewiß sind, so auch in dieser Welt nichts verloren haben, weil sie Alles Verlorene nicht nur einfach, wie sie es verloren, sondern hundertfach, wie sie es zuvor nie gehabt hatten, noch sonst bekommen hätten, wieder empfangen werden. Sie sind solche, die schon in dieser Welt reichster, realster Belohnung entgegengehen: sie werden Alles, was der Mensch an menschlichen und materiellen Werten und Gütern haben und sich wünschen kann, in Fülle haben. Sie werden als die Sanftmütigen nach Matth. 11,29 Erquickung finden für ihre Seele und nach Matth. 5,5 nicht nur das ewige Leben, sondern auch die Erde ererben. Sind sie solche? Das ist die sehr kritische Frage, die in dieser Verheißung steckt. Sind sie solche, die diese Verheißung haben und mit ihr leben? Haben sie, indem sie Alles verließen und ihm nachfolgten, das Evangelium als Freudenbotschaft für ihr Leben und Sterben, für ihren Leib und für ihre Seele gehört und angenommen? Haben sie, indem sie den Gehorsam gegen Gottes Gebot wählten statt des Ungehorsams, wirklich das Bessere, das Beste gewählt, das dieser Gehorsam doch ist? Haben sie das getan, wie können sie dann klagen und fragen: Was wird aus uns? wie dann gewissermaßen reuig auf das zurückblicken, was sie preisgegeben haben? Wie soll der, der solchen Rückblicks fähig ist, ein Gehorsamer sein, wenn eben ein Gehorsamer ein solcher ist, der gewann, indem er preisgab, dem, indem er Weniges verlor, unendlich viel mehr gegeben wurde? Haben sie, wenn sie dieses Rückblicks fähig sind, auch nur einen Schritt Vorsprung vor dem Reichen, der traurig davongegangen ist? Stehen sie nicht jetzt schon mit ihm unter den Letzten im Reich Christi und könnte es ihnen nicht jeden Augenblick widerfahren, von jenem überholt zu werden, ihn an ihrer Stelle unter den Ersten zu sehen? Aber nun ist es natürlich kein Zufall, daß diese Frage und mit ihr die die Jünger treffende, ihre ernstliche Gefährdung aufdeckende Gerichtsdrohung so gänzlich bedeckt und verkleidet ist durch die strahlende *Verheißung,* die Jesus ihnen gibt. Und der Ernst und die Wucht dieser Drohung bestehen gerade darin, daß sie sie in dieser Verhüllung, daß sie sie indirekt trifft. Zwischen dem Wort des Petrus v 28 und der Antwort Jesu v 29f. besteht ja ein höchst indirektes Verhältnis, klafft offenbar der ganze Abgrund zwischen dem Wesen, in welchem die Jünger sich selbst (in den Grenzen dessen, was bei den Menschen möglich und unmöglich ist) *dargestellt* haben und dem anderen, in der freien barmherzigen Möglichkeit begründeten Wesen, das ihnen durch Jesus als ihr eigentliches und neues Leben *beigelegt* ist: dem Wesen, das er in ihnen sieht und ihrer Selbstdarstellung zum Trotz zu sehen nicht aufhört. Der Petrus und die Jünger, die in Sorge und halber Reue zurückblicken auf das, was sie verloren haben, sind offenbar nicht dieselben, welche Jesus jetzt, als wäre nichts geschehen, anredet als solche, die um seinet- und des Evangeliums willen Alles verlassen haben und die als solche jener hundertfachen zeitlichen und der ewigen Vergeltung und Belohnung dazu würdig und gewiß sind. Weiß Jesus nicht, daß sie, wie das Wort des Petrus zeigt, immer noch jene Anderen sind? Daß sie das, was sie durch ihn sind, durch dasselbe Wort nicht undeutlich verleugnet haben? Er weiß es offenbar wohl; eben auf dieses Wort antwortet er ihnen ja; er tut es aber damit, daß er gewissermaßen für sie und mit ihnen den Schritt über jenen Abgrund tut: indem er sie noch einmal aus dem, was sie durch sich selbst sind, zu dem macht, was sie durch ihn und mit ihm sein dürfen. Es ist eine Wiederholung des Aktes der schöpferischen Güte, in der er sie aus dem Nichts zu Aposteln berufen, ja »gemacht« hat (Mc. 3,14, 16), was sich hier stillschweigend vollzieht. Und auf Grund dieses Aktes werden sie jetzt angeredet als die, die sie laut jener sorgenden Frage wahrlich nicht sind, wird ihnen jetzt eine den Voraussetzungen jener Frage so widersprechende Existenz zugeschrieben, werden sie jetzt als solche bezeichnet, die jenes ganzen zeitlichen und ewigen *Wohlstandes,* gerade indem sie Alles verloren haben und ihm nachgefolgt sind, *sicher* sind und also gewiß sein dürfen und also in keiner Weise sich sorgen können. Man bemerke: so werden sie getröstet. Es geschieht damit, daß Jesus ihnen angesichts ihres kaum verhüllten Abfalls aufs neue und erst recht Jesus, der Heiland, wird und ist, indem er mit seiner Freiheit aufs neue und erst recht für ihren Mangel eintritt. Damit und so beschwichtigt und zerstreut er ihre Sorge. Anders als so wäre das offenbar nicht möglich, sondern stünden sie noch immer jenseits jenes Abgrundes; es müßte ihre Sorge, nachdem sie alles verloren haben, nicht nur natürlich, sie müßte dann auch grenzenlos und unüberwindlich sein. Und wie sollten sie selbst sich von dort entfernen können? Sie wird damit beseitigt, daß Jesus sie auf sich selber nimmt. Und eben indem er für sie eintritt, wird die Verheißung, die er ihnen gibt, kräftig und durchschlagend. Sie strahlt darum für sie und über ihnen, weil sie der Reflex seiner eigenen Herrlichkeit, seines verborgenen, aber realen Königtums ist. Wie er selbst sein Leben hingibt, in seiner großen Freiheit für Gott und für die Menschen, um es eben damit – auferstanden von den Toten, sitzend zur Rechten Gottes – in unvergleichlichem, göttlichem Glanz wieder zu gewinnen, so wird es ihnen widerfahren, und zwar damit, daß Alles, was er tut, für sie getan ist. Und wie er selbst jetzt und hier schon, in der Heimlichkeit seines Daseins im Fleische, real im Besitze aller

Rechte und Freuden seines Königreiches ist, so sind auch sie es: in und mit ihm nämlich, dadurch, daß Alles, was sein ist, auch ihnen gehört. Anders als so zu ihnen gesagt, könnte die Verheißung v 29f. mehr als eine höchst sonderbare zu der Existenz der Kirche »mitten in den Verfolgungen« (v 30) wenig passende *fata morgana* sein. Weil das, was Jesus seinen Jüngern sagt, erfüllt ist von der Dynamik dessen, was er selbst – aber eben für die Seinen ist und tut, darum ist seine Verheißung voller Realität, Klarheit und Wahrheit und eben darum ist sie tröstliche, der Sorge nicht nur widersprechende, sondern sie zerstörende Verheißung. Eben als solche ist sie nun offenbar nicht nur den Jüngern, sondern auch dem traurig davongegangenen Reichen zugewendet. Daß das die Meinung des Textes ist, geht gerade aus dem Markus- (und Lukas-)Bericht ganz deutlich hervor: nur *indirekt* steht ja die Antwort Jesu dem Wort des Petrus: »*Wir* haben Alles verlassen und sind dir nachgefolgt« gegenüber mit der allgemeinen Aussage: »*Keiner*, der Haus, Brüder, Schwestern . . . verließ, der es nicht hundertfältig wiederempfinge«. Indem das die allgemeingültige Antwort ist für alle Besorgten, alle Unfreien, alle noch jenseits jenes Abgrundes Stehenden, alle durch das, was bei den Menschen möglich und unmöglich ist, Gebundenen, indem das, was Jesus ist und tut für diese Gebundenen das entscheidende Element dieser Antwort ist, gilt sie offenbar dem davongegangenen Reichen nicht weniger als den Jüngern. Er wird wie dem Gebot Gottes, so auch der göttlichen Verheißung, die dessen Sinn ist, wie er sich auch stelle – und wenn er bis in die tiefste Hölle davonliefe – nicht entlaufen können. Die Jünger werden es nicht unterlassen können, das, was von Jesus zu ihren Gunsten gesagt und getan worden ist, gerade zu seinen und seinesgleichen Gunsten weiter zu sagen: mit derselben Unermüdlichkeit, die Jesus ihnen nicht schuldig blieb.

Dem Reichen bleibt die ausdrücklich ausgesprochene Hoffnung: »die Letzten werden Erste sein«. Wir verstehen jetzt aber auch, daß und inwiefern das, was Jesus sagt, wirklich auch die Jünger als Gerichtswort treffen muß: nicht trotzdem, sondern gerade weil dieses so ganz von der Verheißung verdeckt und verkleidet ist. Wären und blieben sie dort, wo sie laut jenes Wortes des Petrus stehen, wie sollten sie dann für Gottes Anklage erreichbar, als Übertreter seines Gebotes haftbar zu machen sein? Ist es bei den Menschen nicht möglich, anders zu sein als sie sind, wie sollten sie dann nicht gerechtfertigt oder doch entschuldigt sein mit ihren Sorgen? Sie sind aber damit angeklagt und von daher verurteilt, daß sie auf ihr neues Wesen angeredet werden: als solche, denen das zugute kommt, was bei Gott möglich ist, ja daß ihnen eben dieses neue Wesen noch einmal und in aller Form zugesprochen und beigelegt wird. Das, die Gnade Christi, ist der Angriff auf das alte Wesen, in welches sie laut jenes Sorgenwortes wieder zurückkehren wollten oder schon zurückgekehrt waren. Das macht sie verantwortlich und haftbar, unentschuldbar und offenbar – sonst würde diese Geschichte nicht in den Evangelien stehen – geständig und bußfertig. Das ist die Aufforderung, umzukehren und sich zurückzunehmen, ihre Reue sich gereuen zu lassen. Ihnen wird gesagt, wer sie sind und damit, wer sie nicht sein können – wohin sie gehören und damit, wohin sie unmöglich gehören können. – So zeigt uns die Perikope vom reichen Jüngling nach allen Seiten: die Konstanz der göttlichen Treue im göttlichen Gebot, sofern dessen Substanz darin besteht, den Menschen, der es hört (protestierend gegen seine Untreue, aber auch in Überwindung des Unheils, in das sie ihn stürzt), an die Person Jesu zu binden.

Lorenz Wachinger

# Ehe

Einander lieben – einander lassen

Erschienen in der Reihe:
»Evangelium konkret«
184 Seiten. Kartoniert

Lorenz Wachinger geht in seinen Überlegungen nicht vom ›Ewigen‹ der Ehe aus, ihrer göttlichen Stiftung und Sakramentalität, sondern von den heutigen Lebensbedingungen und dem heutigen Eheverständnis.
Ausgehend von Fall-Beispielen aus der Eheberatung, von Märchen, von Ehegeschichten der Bibel versucht das Buch behutsam nach dem zu fragen, was Eheleuten Halt geben kann.
Die Vorstellung von einer lebenslangen unauflöslichen Ehe macht vielen Angst. Das Buch schließt die Theologie der Ehe so auf, daß Konflikte, ja das Zerbrechen einer Ehe einbezogen und verstanden werden können. So ist dieses Buch auch ein Beitrag zum konkreten Verständnis des Evangeliums heute.